CAICT 中国信通院 | 集智丛书

数字经济赋能新质生产力

理论创新与案例实践

中国信息通信研究院
孙克 汪明珠 姜颖 ·················· 编著

人民邮电出版社

北 京

图书在版编目（CIP）数据

数字经济赋能新质生产力：理论创新与案例实践 /
孙克，汪明珠，姜颖编著. -- 北京：人民邮电出版社，
2025. --（中国信通院集智丛书）. -- ISBN 978-7-115
-66082-4

Ⅰ. F120.2-39

中国国家版本馆 CIP 数据核字第 2025DC6047 号

内 容 提 要

本书通过理论篇、要素篇、动力篇、生产关系篇、成效篇和建议篇 6 个篇，全面且深入地探讨数字经济如何驱动新质生产力发展。理论篇阐述数字经济与新质生产力的概念和内涵及数字经济对新质生产力发展的赋能作用。要素篇探讨数字经济如何催生新型劳动对象、塑造新型劳动资料、培育新型劳动者。动力篇解析数字经济如何推动技术创新方式变革、生产要素配置优化和产业深度转型升级。生产关系篇介绍新型生产关系的关键作用、数字经济政策体系对新型生产关系的支撑作用及数字经济如何推动新型国际经贸合作与治理变革。成效篇展示数字经济在全球及中国的发展成效。建议篇提出推动数字经济进一步发展的对策和建议。

本书适合数字经济领域的政策制定者、企业家、投资者，以及关注经济转型升级、想要全面系统了解数字经济与新质生产力发展的社会各界人士阅读。

◆ 编　著　中国信息通信研究院　孙　克　汪明珠　姜　颖
　　责任编辑　胡　艺
　　责任印制　马振武
◆ 人民邮电出版社出版发行　　北京市丰台区成寿寺路 11 号
　　邮编　100164　　电子邮件　315@ptpress.com.cn
　　网址　https://www.ptpress.com.cn
　　固安县铭成印刷有限公司印刷
◆ 开本：710×1000　1/16
　　印张：16.75　　　　　　　　2025 年 6 月第 1 版
　　字数：236 千字　　　　　　　2025 年 6 月河北第 1 次印刷

定价：99.80 元

读者服务热线：(010)53913866　印装质量热线：(010)81055316
反盗版热线：(010)81055315

>>>丛书编写组

丛书顾问专家：

续合元　王爱华　史德年　石友康　许志远　何　伟

本书编写组成员：

孙　克　汪明珠　姜　颖　胡燕妮　耿　瑶　冯泽鲲

岳云嵩　郭怡笛　刘　璇　盛　铭　郑安琪　王李祥

陈阿楠　薛　芮　王　菡

在当今全球化和数字化的浪潮中，数字经济已成为推动经济增长、提升创新能力、促进产业升级的关键力量。面对这个新时代的发展引擎，如何深入理解数字经济的概念和内涵、掌握其运作机制，并探索其在推动新质生产力发展中的重要作用，已成为当前学术界和产业界共同关注的焦点。在这样的背景下，本书应运而生。

我们编写本书的初衷在于为读者提供系统、全面且具前瞻性的数字经济及新质生产力知识体系，通过理论与实践的紧密结合，深入剖析数字经济的概念和内涵、特征及其对新质生产力发展的驱动作用等。在编写本书的过程中，我们测算了大量数据，并广泛搜集了国内外关于数字经济的最新研究成果和实践案例，结合中国数字经济发展的实际情况，进行了深入的分析和总结。我们深知，在数字经济时代，仅凭传统的经济理论已难以全面解释和指导数字经济的发展，因此，本书力求在理论上有所创新，在实践上有所突破，为政府决策、企业运营及学术研究提供有力的支持。

本书具有以下几个显著特点：一是系统性与全面性，本书涵盖了数字经济和新质生产力的各个方面，从理论到实践，为读者构建完整的知识体系；二是科学性与实践性，本书通过大量的数据分析和实践案例介绍，帮助读者更好地理解数字经济的内部实际运作机制和应用效果；三是前瞻性与创新性，本书紧密结合当前数字经济的发展趋势，总结了实践经验，为读者提供了具有前瞻性的推动数字经济进一步发展的对策和建议。

我们坚信，本书将为读者打开一扇通往数字经济世界的大门，引领大家共同探索数字经济的奥秘与感受数字经济的魅力。我们期待本书能够激发更多人对数字经济的关注和思考，共同推动数字经济的发展和进步，为建设数字中国贡献智慧和力量。

本书编写团队

CONTENTS **目录**

理论篇

▷ 第一章
新质生产力的概念和内涵

（一）新质生产力的提出

2023 年 9 月，习近平总书记在**黑龙江考察调研**期间提出要"整合科技创新资源，引领发展战略性新兴产业和未来产业，**加快形成新质生产力**"。**在新时代推动东北全面振兴座谈会**上，习近平总书记进一步强调，"积极培育新能源、新材料、先进制造、电子信息等战略性新兴产业，积极培育未来产业，**加快形成新质生产力**，增强发展新动能。"2023 年 12 月召开的中央经济工作会议提出，"要以科技创新推动产业创新，特别是以颠覆性技术和前沿技术催生新产业、新模式、新动能，发展新质生产力。"

2024 年 1 月 31 日下午，**中共中央政治局**就扎实推进高质量发展进行**第十一次集体学习**，对发展新质生产力进一步作出全面阐释、系统部署。习近平总书记在主持学习时强调"必须牢记高质量发展是新时代的硬道理"，并指出"发展新质生产力是推动高质量发展的内在要求和重要着力点"。3 月，**"加快发展新质生产力"**被写入 **2024 年政府工作报告**，将"大力推进现代化产业体系建设，加快发展新质生产力"列为 2024 年政府十大工作任务之首。习近平总书记在参加江苏代表团审议时强调，要**因地**

制宜发展新质生产力。3月20日，习近平总书记在**新时代推动中部地区崛起座谈会**上再次强调，要以科技创新引领产业创新，**积极培育和发展新质生产力**。

新质生产力是对马克思主义生产力理论的创新和发展，凝聚了我们党统领经济社会发展的深邃理论洞见和丰富实践经验。从2023年9月首次提到"新质生产力"，到在中央经济工作会议上部署"发展新质生产力"，再到中共中央政治局第十一次集体学习时的全面阐释、系统部署，习近平总书记关于新质生产力的一系列重要论述、重大部署，进一步丰富了习近平经济思想的内涵，为我们认识和把握新质生产力提供了根本遵循，为我国推动经济高质量发展、赢得发展主动权提供了科学的理论指引和行动指南。

（二）新质生产力的理论框架

历史唯物主义认为，生产力是人类利用和改造自然，从自然界获取物质资料的能力，是推动社会进步最活跃、最革命的因素，它总是处于不断新质化的运动之中。马克思在《资本论》中指出："生产力，即生产能力及其要素的发展。"作为社会制度变迁与人类社会发展的决定力量，生产力及其要素的发展是一个从量变到质变的波浪式前进、螺旋式上升的过程。

新质生产力是摆脱传统经济增长方式、生产力发展路径，符合新发展理念的先进生产力质态，其内涵特征可以概括为"33131"框架，即技术革命性突破、生产要素创新性配置、产业深度转型升级**"三大动力"**，劳动者、劳动资料、劳动对象及其优化组合**"三大要素"**，以创新为**"一个主导"**，具有高科技、高效能、高质量**"三大特征"**，以全要素生产率大幅提升为**"一个核心标志"**，如图1-1所示。

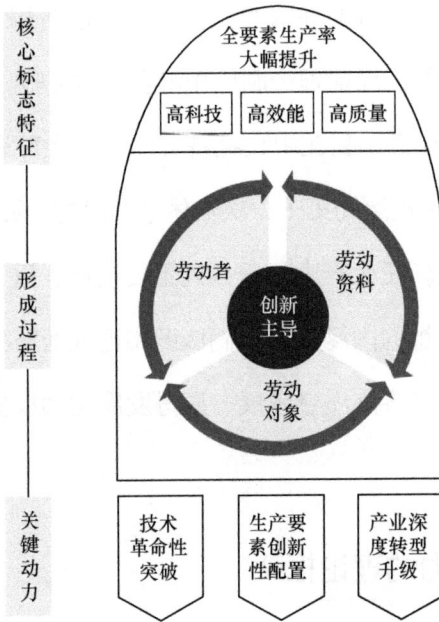

来源：中国信息通信研究院

图1-1　新质生产力"33131"框架

技术革命性突破是新质生产力的内生动力。科技是第一生产力，创新是引领发展的第一动力。新质生产力的形成是人类改造自然手段和方式的明显进步，是先进生产力替代传统生产力，质量效率更高、更可持续发展模式加速形成的过程。纵观人类社会历史进程中全球经济增长的新引擎，无一不是由新技术带来新产业，进而形成的新生产力。技术的创新突破不但使包括生产工具在内的劳动资料发生了重大改变，还催生了新的劳动对象并使既有的劳动对象发生显著变化，同时充分激发劳动者潜能，驱动生产力水平发生质的跃升。如动力电池技术的发展使金属锂的重要性提高，通过复杂的技术和生产过程将锂矿石加工成动力电池中重要的电极材料。

生产要素创新性配置是新质生产力的物质基础。从宏观来看，新质生产力的形成推动数据成为新型生产要素，进入生产函数，并且与技术、资金、人才等传统生产要素协同融合，大大提高生产要素的投入产出效率，通过生产要素的重新组合、持续优化、配置效率改善促进全要素生产率提升。由此推动经济增长不断从资源、资本等传统生产要素驱动的粗放型发展转向由知识、数据等新型生产要素驱动的集约高效型发展，从更多依靠增加生产要素数量的外延式增长转向更多依靠创新驱动的内涵型增长。从微观来看，数据要素提升了企业在生产要素使用、资源配置和创新决策等方面的能力，实现了降本增效和价值倍增，形成数据驱动创新发展新模式。

产业深度转型升级是新质生产力的重要载体。技术的革命性突破必然会引起产业的重大变革，推动生产力向前发展。新质生产力的主要载体是现代化产业体系，形成新质生产力的主阵地是代表创新发展方向、技术密集度更高、发展潜力更大的新兴产业和未来产业，形成新质生产力的基本盘是对当前经济发展起到支柱性、支撑性作用的传统产业。发展新质生产力，关键在以科技创新推动产业创新。只有让科技创新与产业创新相互促进，使产业链与创新链同频共振，才能实现以新技术培育新产业，赋能传统产业，引领产业转型升级，进而实现生产力的跃迁。

（三）发展新质生产力的重大意义

习近平总书记强调，必须牢记高质量发展是新时代的硬道理，发展新质生产力是推动高质量发展的内在要求和重要着力点。以新质生产力塑造我国发展新动能、新优势成为实现高质量发展的关键内容，既有重要的理论意义，又有深刻的实践意义。

从理论上看，新质生产力是传统生产力发展到一定阶段的必然结果。 历史唯物主义揭示出生产力推动社会经济发展演变的基本规律，人类社会的历史进程就是生产力从低级到高级不断发展的过程。新质生产力是相对于传统生产力而言的，是社会生产力经过量的不断积累发展到一定阶段产生质变的必然结果。所谓传统生产力，是以第一次和第二次科技革命和产业革命为基础，以机械化、电气化、不可持续为主要特征。新质生产力则是以第三次和第四次科技革命和产业革命为基础，以信息化、网络化、数字化、智能化、绿色化、高效化为主要特征。

从国内看，发展新质生产力是推动高质量发展的内在要求和重要着力点。 生产力是推动社会进步最活跃、最革命的要素。当前，我国正向着全面建成社会主义现代化强国的第二个百年奋斗目标迈进，高质量发展是全面建设社会主义现代化国家的首要任务，但制约因素还大量存在。高质量发展需要新的生产力理论来指导，而新质生产力已经在实践中形成并展示出对高质量发展的强劲推动力、支撑力。以 5G 为例，作为支撑经济社会高质量发展的关键基础设施，5G"一业带百业"和对经济发展的放大、叠加、倍增作用不断彰显。截至 2023 年年底，我国 5G 基站总数达 337.7 万个，5G 应用融入 71 个国民经济大类，"5G＋工业互联网"项目数超过 1 万个。据中国信息通信研究院的测算，2023 年 5G 直接带动经济总产出 1.86 万亿元。

从国际看，发展新质生产力是赢得大国博弈战略主动的关键竞争力。当前，世界百年未有之大变局加速演进，逆全球化思潮抬头，单边主义、保护主义明显上升，尤其是以美国为首的西方国家对我国实施全方位的遏制、围堵、打压，给我国发展带来前所未有的严峻挑战。发达国家的传统产业经过多年积累形成了技术壁垒，我国在产业链上缩小差距、补上断点短板需要克服重重障碍。而在新兴产业和未来产业上，各国基础和起点相近，我国如果能够通过前瞻布局和率先发力，实现产业化突破，就能取得领先优势，为应对全球地缘政治格局变化提供有力支撑。

▷ 第二章
数字经济的概念和内涵

（一）数字经济概念历史沿革

数字经济作为继农业经济、工业经济之后的一种全新经济形态，正在全球范围内引发深刻的经济社会变革，其概念的诞生与发展，与信息技术的飞速进步密不可分。

数字经济概念的萌芽。 数字经济一词最早可追溯到 20 世纪 90 年代，也就是互联网技术开始大规模商业化应用的初期。1995 年，经济合作与发展组织（OECD）在其报告中详细阐述了数字经济的可能发展趋势，指出在互联网革命的推动下，人类的发展将由原子加工过程转变为信息加工处理过程。这一预测为数字经济概念的诞生奠定了理论基础。1996 年，美国学者唐·泰普斯科特（Don Tapscott）在其著作《数字经济：网络智能时代的前景与风险》中，首次系统地描述了计算机和互联网革命对商业行为的影响，以及由此引发的新的经济形式和活动。该书不仅让"数字经济"一词开始受到广泛关注，也初步勾勒出了数字经济的基本轮廓。

数字经济概念的初步定义。 进入 21 世纪，随着信息技术的不断发展与深度应用，数字经济的内涵和外延逐渐清晰。2002 年，美国学者金范秀（Beomsoo Kim）将数字经济定义为一种特殊的经济形态，其本质为"商品和服务以信息化形式进行交易"。这一定义虽然简洁，但准确地指出了数字经济的基本特征，即信息技术的广泛应用和商品、服务的信息化交易。与此同时，各国政府和国际组织也开始关注数字经济的发展。2000年，时任福建省省长的习近平同志率先提出了建设"数字福建"的战略构想，全新定义了信息化与数字化的内涵与外延、应用的领域与方式。此后，中国政府不断出台相关政策措施，推动数字经济的快速发展。

数字经济概念的拓展与深化。 随着信息技术的不断成熟和社会经济数字化程度的提升，数字经济的内涵和外延不断拓展。2016年，二十国集团（G20）领导人杭州峰会通过的《二十国集团数字经济发展与合作倡议》给出了目前国际承认程度较高的数字经济定义："数字经济是指以使用数字化的知识和信息作为关键生产要素、以现代信息网络作为重要载体、以信息通信技术的有效使用作为效率提升和经济结构优化的重要推动力的一系列经济活动"。这一定义不仅明确了数字经济的核心要素，即数字化的知识和信息、现代信息网络及信息通信技术，还强调了数字经济对于提升经济效率、优化经济结构的重要作用。此外，该定义也指出数字经济的主要表现形式包括数字产业化和产业数字化两个方面。

数字经济概念得到广泛认知。 在G20领导人杭州峰会之后，数字经济的概念在全球范围内得到了广泛认知。各国政府纷纷制定数字经济发展战略，出台相关政策措施，推动数字经济的快速发展。同时，学术界和产业界也对数字经济展开了深入研究，不断挖掘其内在规律和潜在价值。在中国，数字经济已经成为国家发展的重要战略之一。当前时代，数字经济已成为重组全球要素资源、重塑全球经济结构、改变全球竞争格局的关键力量。

数字经济概念的历史沿革，不仅反映了信息技术的发展历程，也揭示了社会经济变革的深刻内涵。数字经济作为一种全新的经济形态，正在深刻改变着人们的生活方式、工作方式和社会组织方式，它不仅提高了经济效率、优化了经济结构，还促进了创新创业、推动了社会进步。同时，数字经济概念的提出和发展，也为全球治理提供了新的思路和框架。在数字经济时代，各国之间的经济联系更加紧密，合作与竞争并存，如何加强国际合作、共同应对数字经济带来的挑战和机遇，成为全球治理的重要议题之一。

（二）数字经济的定义与内涵

新一轮科技革命和产业变革席卷全球，数据要素价值化加速推进，数字技术与实体经济集成融合，产业数字化应用潜能迸发释放，新模式新业态全面变革，国家治理能力现代化水平显著提升。人类社会已经全面进入数字经济时代。

《"十四五"数字经济发展规划》指出，数字经济是以数字化的知识和信息作为关键生产要素，以数字技术为核心驱动力量，以现代信息网络为重要载体，通过数字技术与实体经济深度融合，不断提高经济社会的数字化、网络化、智能化水平，加速重构经济发展与治理模式的新型经济形态。

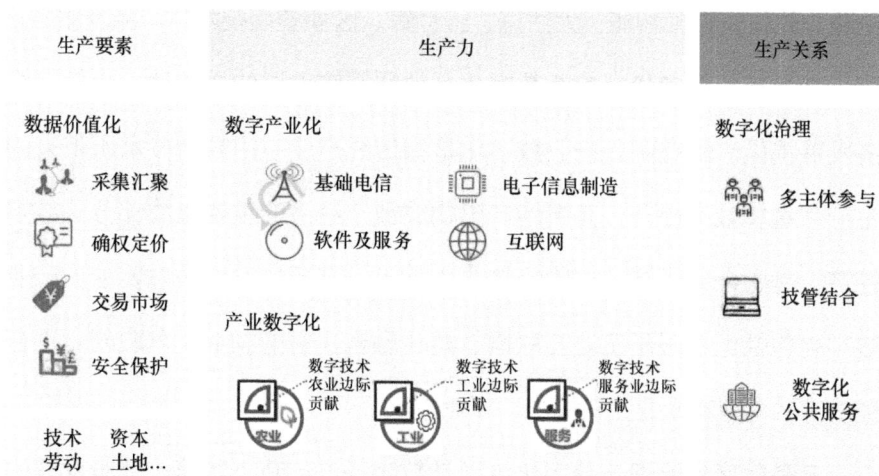

来源：中国信息通信研究院

图 2-1　数字经济"四化"框架

数字经济蓬勃发展，不仅推动经济发展质量变革、效率变革、动力变革，更带来政府、组织、企业等的治理模式的深刻变化，体现生产力和生产关系的辩证统一。当前，以数据驱动为特征的数字化、网络化、智能化深入推进，数据化的知识和信息作为关键生产要素在推动生产力发展和生产关系变革中的作用更加凸显，经济社会实现从生产要素到生产力，再到生产关系的全面系统变革。数字经济"四化"框架如图2-1所示，包含数字产业化、产业数字化、数字化治理、数据价值化4个部分。

一是数字产业化。数字产业化主要是指信息通信产业。信息通信产业是数字经济发展的先导产业，为数字经济发展提供技术、产品、服务和解决方案等。信息通信产业具体包括电子信息制造业、电信业、软件和信息技术服务业、互联网行业等。数字产业化包括但不限于5G、集成

11

电路、软件、人工智能、大数据、云计算、区块链等技术、产品及服务。

二是产业数字化。产业数字化是数字经济发展的主阵地，为数字经济发展提供广阔空间。产业数字化是指传统产业应用数字技术所带来的生产数量和效率提升，其新增产出构成数字经济的重要组成部分。数字经济，是融合的经济，实体经济是落脚点，高质量发展是总要求。产业数字化包括但不限于工业互联网、两化融合、智能制造、车联网、平台经济等融合型新产业、新模式、新业态。

三是数字化治理。数字化治理是数字经济创新、快速、健康发展的保障。数字化治理是推进国家治理体系和治理能力现代化的重要组成，是运用数字技术，建立健全行政管理制度体系，创新服务监管方式，实现行政决策、行政执行、行政组织、行政监督等体制更加优化的新型政府治理模式。数字化治理包括治理模式创新，利用数字技术完善治理体系、提升综合治理能力等。数字化治理包括但不限于以多主体参与为典型特征的多元化治理，以"数字技术＋治理"为典型特征的技管结合，以及数字化公共服务等。

四是数据价值化。数据可存储、可重用，呈现爆发式增长、海量集聚的特点，数据是实体经济数字化、网络化、智能化发展的基础性战略资源。数据价值化包括但不限于数据采集、数据标准、数据确权、数据标注、数据定价、数据交易、数据流转、数据保护等。价值化的数据是数字经济发展的关键生产要素，加快推进数据价值化进程是发展数字经济的本质要求。习近平总书记多次强调，"要构建以数据为关键要素的数字经济"。党的十九届四中全会首次明确数据可作为生产要素按贡献参与分配。2020 年 3 月 30 日，中共中央、国务院印发的《关于构建更加完善的要素市场化配置体制机制的意见》中明确提出，要"加快培育数据要素市场"。

数字产业化和产业数字化重塑生产力，是数字经济发展的核心。 生产力是人类创造财富的能力，是经济社会发展的内在动力基础。数字产业化和产业数字化蓬勃发展，加速重塑人类经济生产和生活形态。数字产业化代表了新一代信息技术的发展方向和最新成果，伴随着技术的创新突破，新理论、新硬件、新软件、新算法层出不穷，软件定义、数据驱动的新型数字产业体系正在加速形成。产业数字化推动实体经济发生深刻变革，互联网、大数据、人工智能等新一代信息技术与实体经济广泛深度融合，开放式创新体系不断普及，智能化新生产方式加快到来，产业平台化新生态迅速崛起，新技术、新产业、新模式、新业态方兴未艾，为产业转型、经济发展、社会进步注入新动能。

数字化治理引领生产关系深刻变革，是数字经济发展的保障。 生产关系是人们在物质资料生产过程中形成的社会关系。数字经济推动数据、智能化设备、数字化劳动者等创新发展，加速数字技术与传统产业融合，推动治理体系向着更高层级跃迁，加速支撑国家治理体系和治理能力现代化水平提升。在治理主体上，多部门协同、社会参与的协同治理体系加速构建，数字化治理正在不断提升国家治理体系和治理能力现代化水平；在治理方式上，数字经济推动治理由"个人判断""经验主义"的模糊治理转变为"细致精准""数据驱动"的数字化治理；在治理手段上，云计算、大数据等技术在治理中的应用，增强态势感知、科学决策、风险防范能力；在服务内容上，数字技术与传统公共服务多领域、多行业、多区域融合发展，加速推动公共服务均等化进程。

数据价值化重构生产要素体系，是数字经济发展的基础。 生产要素是经济社会生产经营所需的各种资源。数字技术－经济范式理论如图2-2所示。在农业经济下，由技术（以农业技术为引领）、劳动力、土地构成生产要素组合；在工业经济下，由技术（以工业技术为引领）、资本、劳动力、土地构成生产要素组合；在数字经济下，由技术（以数字技术为引领）、数据、资本、劳动力、土地构成生产要素组合。数据不是唯一生产要素，但数据作为数字经济全新的、关键的生产要素，贯穿于数字经济发展的全部流程，与其他生产要素不断组合迭代，加速交叉融合，引发生产要素多领域、多维度、系统性、革命性的群体突破。**一方面，** 价值化的数据要素将推动技术、资本、劳动力、土地等传统生产要素发生深刻变革与优化重组，赋予数字经济强大发展动力。数据要素与传统生产要素相结合，催生出人工智能等"新技术"、金融科技等"新资本"、智能机器人等"新劳动力"、数字孪生等"新土地"、区块链等"新思想"，生产要素的新组合、新形态将为推动数字经济发展发挥放大、叠加、倍增作用。**另一方面，** 数据价值化直接驱动传统产业向数字化、网络化、智能化转型升级。数据要素与传统产业的广泛、深度融合，乘数倍增效应凸显，展现了数字化发展对经济发展的巨大价值和潜能。数据推动服务业利用数据要素探索客户细分、风险防控、信用评价，推动工业生产加速实现智能感知、精准控制的智能化生产，推动农业生产向数据驱动的智慧生产方式转型。

14

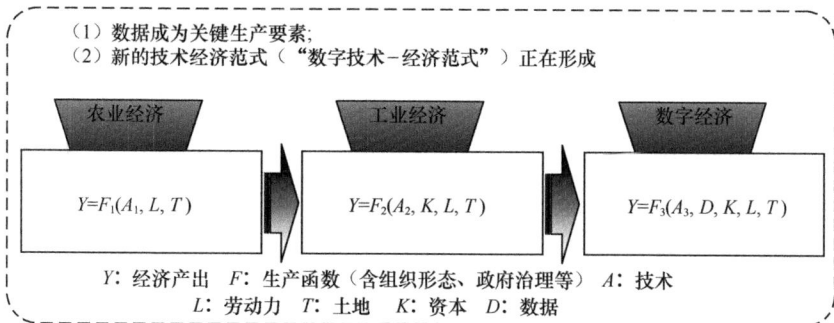

来源：中国信息通信研究院

图 2-2　数字技术 – 经济范式理论

数字经济是生产力和生产关系的辩证统一，在两者的矛盾运动中不断发展。发展数字经济，构建以数据价值化为基础、以数字产业化和产业数字化为核心、以数字化治理为保障的"四化"协同发展生态，既是重大的理论命题，更是重大的实践课题，具有鲜明的时代特征和辩证统一的内在逻辑。数据价值化、数字产业化、产业数字化、数字化治理四者紧密联系、相辅相成，相互促进、相互影响，其本质上是生产力与生产关系、经济基础与上层建筑之间的关系。处理好四者间的关系，是推动数字经济发展的本质要求。当前，数字技术红利大规模释放的运行特征与新时代经济发展理念的重大战略转变形成历史交汇，发展数字经济，构筑数字经济发展新优势，推动经济发展质量变革、效率变革、动力变革，正当其时、意义重大。

（三）发展数字经济的重大意义

当前，新一轮科技革命和产业变革动能持续释放，数字经济在全球范围内快速兴起，为世界经济复苏提供了新机遇，为驱动经济增长创造了新动能。大力发展数字经济既是抢抓新一轮科技革命与产业变革时代机遇的战略抉择，也是构建核心竞争能力、抢占未来竞争高地的必然选择，更是我国推动高质量发展的关键抓手。

1. 发展数字经济是实现跨越式发展的时代机遇

纵观世界文明史，人类社会经历了农业经济、工业经济，数字经济发展步入快车道。**农业经济时代，**农业生产工具的广泛使用增强了人类生存能力，农业革命拓展了社会生产方式，使人类从采食捕猎走向栽种畜养，从野蛮时代走向文明社会。**工业经济时代，**机器工具的大量发明使用和动力技术的突破变革拓展了人类体力，以机器取代人力，工业革命以大规模工厂化生产取代个体工场手工生产，生产方式取得重要突破。**进入数字经济时代，**信息技术革命性变革显著增强了人类脑力，必将带来人类生产力的又一次质的飞跃。

一是颠覆性技术创造新产业、新业态，信息技术、生物技术、制造技术、新材料技术、新能源技术广泛渗透几乎所有领域，带动了以绿色、智能、泛在为特征的群体性重大技术变革。**二是新一代信息技术融合加快，**互联网、大数据、人工智能等同实体经济深度融合步伐加快，科技创新链条更加灵巧，技术更新和成果转化更加便捷，产业更新换代更加频繁。**三是经济社会数字化进程不断深入，**网络信息技术应用加快从虚拟经济向实体经济、从消费领域向生产领域延伸拓展，第四次工业革命孕育兴起，深刻重塑世界经济和人类社会面貌。数字经济对国际政治、经济、文化、社会、生态、军事等领域的深刻影响日益显现，为各国实现新的跨越式发展创造了难得的历史机遇。

2. 发展数字经济是构筑竞争新优势的迫切需要

当前，数字经济发展方兴未艾，但全球新的产业分工仍未形成、产业格局尚在调整，数字经济已经成为大国聚力争夺的重要领域，以信息化和信息产业发展水平为重要特征的综合国力竞争日趋激烈。在重大发展机遇面前，谁能顺应发展趋势，下好先手棋，释放数字经济的叠加、倍增效应，谁就能赢得发展主动，取得发展先机，塑造国家竞争新优势。

发达国家巩固优势加强布局。美国和欧洲国家纷纷出台相关国家战略，意图抢筑新一轮科技革命和产业变革竞争新优势。美国先后出台"国家先进制造业战略计划""国家制造业创新网络计划"等，德国相继发布《数字化战略2025》《德国工业战略2030》等，这些战略全面加强了网络信息技术与实体经济特别是制造业的融合。法国、英国、日本等国家也都在加快推进数字化转型进程。

发展中国家加快部署数字经济试图赶超。印度、越南、印尼等新兴经济体积极把握数字经济和第四次工业革命机遇，充分发挥各自在资源、成本和产业方面的比较优势和后发优势，积极发展数字产业，承接国际产业转移，推动传统产业转型升级。泰国推出"工业4.0战略"、越南推出"越南制造业2030计划"等，均希望借由数字经济提供的跨越式发展机会，加快实现技术产业和经济社会的数字化转型。

面对数字经济的全球竞争，我国与世界各国位于同一时间起点，我国必须抓住关键"时间窗口"，发挥大国大市场的综合优势，积极推进数字化进程，加快抢占数字经济竞争制高点。

3. 发展数字经济是推动经济高质量发展的必由之路

我国经济已由高速增长阶段转向高质量发展阶段，正处在转变发展方式、优化经济结构、转换增长动力的攻关期。做大做强数字经济与我国加快转变经济发展方式恰好形成历史性交汇。顺应第四次工业革命发展趋势，把握数字化、网络化、智能化发展机遇，探索新技术、新业态、新模式，探寻新的增长动能和发展路径，是推动经济发展从要素驱动向创新驱动转变，打造经济发展质量变革、效率变革、动力变革新引擎的重要途径。

在推动发展方式转变方面，数字技术促进产业链、供应链、价值链融合，以信息流带动技术流、资金流、人才流、物资流，提高全要素生产率，全方位、多层次优化资源配置效率，使我国经济发展加快从高投入、低产出的粗放发展模式，向主要依靠科技进步、劳动者素质提高、管理创新的绿色集约发展模式转变。

在推动产业结构优化方面，数字技术与传统产业深度融合，将助力供给侧结构性改革，促进各类生产要素从过剩领域转向有市场需求的领域、从低效益领域转向高效益领域、从虚拟经济领域转向实体经济领域，实现供求关系新的动态平衡，优化产业结构。

在推动发展动力转换方面，数字技术与实体经济深度融合，一方面，将加快改造提升传统动能。据统计，截至 2023 年末，工业和信息化部已支持建设 300 个高水平 5G 工厂，通过 5G 工厂，企业生产能力提高 24%，运营成本降低 15%。另一方面，将培植壮大新动能，催生一大批极具活力的新模式、新业态、新产业，拓展经济发展新空间。

▷ 第三章
数字经济赋能新质生产力发展

数字经济作为一种新型经济形态，其核心特征与新质生产力高度契合，成为推动新质生产力发展的重要引擎。2024 年的政府工作报告将"大力推进现代化产业体系建设，加快发展新质生产力"列为 2024 年政府工作十大任务之首，"深入推进数字经济创新发展"是重要举措之一。作为新一轮科技革命和产业变革的核心驱动力，互联网、大数据、人工智能等数字技术在与实体经济融合发展的过程中，不仅带来了生产方式的改变和生产效率的提高，还催生了新业态、新模式、新动能，从而创造新的经济增长点，数字技术是新质生产力的重要组成部分和推动力量。

（一）数字经济为生产力三大要素的优化组合提供基础

生产力系统是在劳动过程中形成的，由劳动者、劳动资料、劳动对象等要素以一定结构形式联结、组合构成。在不同时代，生产力三大要素的内涵变化及组合结构的不同，都将推动形成新的现实生产力。新质生产力代表先进生产力的演进方向，以劳动者、劳动资料、劳动对象及其优化组合的跃升为基本内涵。

数字经济拓展劳动对象范围，提高应用效率，催生新型劳动对象。
劳动对象是劳动生产过程中劳动者的劳动所作用的对象和创造使用价值的基础，是实现生产的必要前提。机器化大生产时期的劳动对象往往是指自然资源、原材料、零部件等物质资料。数字经济时代，劳动对象发生质变，数据要素成为劳动对象的新组成部分，数据与传统劳动对象相互融合也构成了新的劳动对象，更加丰富的劳动对象创造了能满足更加多元化、个性化需求的物质基础。数据作为新型劳动对象的作用不断凸显，据中国信息通信研究院的调研数据，将数据用于提升企业生产经营效率已成为越来越多企业的共同选择。

数字经济推动新型生产工具的改进与应用普及，塑造新型劳动资料。
劳动资料是划分经济时代的标志，劳动资料的性质和特征会随着科学技术的发展而变化。工业经济时代，机器放大了劳动者体力，延伸了劳动者感官，极大增强了人类利用和改造自然的能力。数字经济为发展新质生产力进一步提供了迭代更新的劳动资料。云计算、大数据、人工智能等新一代信息技术的应用，劳动者与劳动对象的丰富与拓展，倒逼生产工具的适应性变革，形成新的劳动资料。这些新的劳动资料包含一系列"高级、精密、尖端"设备，能够提升人类适应自然、改造自然的能力，大幅提高劳动生产率，促进新质生产力的形成。如为了采集数据这一新型劳动对象，企业对原有生产设备进行适应性改造，加装各类感应设备、监测设备、传输设备、存储设备等，实现企业劳动资料的数字化变革。例如，谷歌在云平台上推出工业设备表面质量检测工具，可在仅使用原样本量的 1/300 的情况下精准识别设备表面异常问题，且可与已有的工业方案集成。

数字经济持续提升劳动者数字素养与扩大劳动者使能范围，培育新型劳动者。新型劳动者是新质生产力中最活跃的因素。在生产活动中，劳动者的技能、知识、经验和创新能力等是生产力发展的重要驱动力。数字经济时代，劳动者可以更加便捷地获取新知识、学习新技能，有助于不断提高劳动者的数字素养与技能水平。关键技术、高端装备等劳动资料，数据要素、工业机器人等劳动对象，与劳动者的结合能够进一步丰富劳动者的生产知识、生产经验和劳动技能，为新质生产力的形成提供具备复合能力、综合素质更高的劳动者。同时，数字经济催生大量新兴职业，为劳动者提供了充足的就业机会和良好的发展前景，也为发展新质生产力培育了掌握新科技、拥有新技能的新型劳动者。例如，数字技术的创新应用催生出人工智能、物联网、大数据、云计算、智能制造、工业互联网、虚拟现实、区块链、集成电路、机器人、增材制造、数据安全、数据分析处理等方向的高素质数字化工程技术岗位。

数字经济驱动生产力三大要素优化组合形成新质生产力。新质生产力的形成是具备相应知识、技能和素质的新型劳动者通过操作新型劳动资料（如工业互联网）作用于新型劳动对象（如数据）的过程。新型劳动者是新型劳动资料的操作者和新型劳动对象的创造者。新型劳动对象的变化推动新型劳动资料的发展和应用，新型劳动资料的革新又为新型劳动者提供了更广阔的舞台，使他们能够更好地适应和引领新质生产力发展。纵观生产力的变迁历程，正是不同发展阶段中劳动者、劳动对象、劳动资料等的组合优化，推动生产力结构的持续演变。

（二）数字经济为生产力三大动力的培育塑造提供源泉

作为新一轮科技革命和产业变革的重要领域，数字经济不仅优化了三大生产要素，还能够通过科技创新特别是原创性、颠覆性科技创新实现技术革命性突破，能够在传统生产要素配置的边际效应递减时进行生产要素创新性配置，能够改变传统生产方式，通过产业深度转型升级催生新产业、新模式、新动能，进而为新质生产力发展注入源源不竭的动力，实现传统生产力的质态跃迁，促进全要素生产率大幅提升。

数字经济推动技术创新方式变革，为新质生产力提供内生动力。新质生产力的"新"源自技术创新突破。生产力是推动人类社会现代化进程的根本力量，它的每次跃升都对应着新技术对旧技术的"创造性毁灭"。18 世纪以来的历次技术革命，到当前以大数据和人工智能等为牵引的数字技术革命，一次次颠覆性的技术创新带来了社会生产力的大解放与生活水平的大跃升，有力确证了人类社会历史进程是社会生产力从低级到高级、从落后到先进的不断发展的过程。**数字技术正在推动智能化系统成为新型劳动资料。**数字技术正以新理念、新业态、新模式全面融入人类经济、政治、文化、社会、生态文明建设各领域和全过程，给人类生产生活带来广泛而深刻的影响。在新一轮科技革命进程中，以人工智能为代表的数字技术成为核心驱动力，催生出以智能化系统为标志的新型劳动资料。智能传感设备、工业机器人、云服务、工业互联网等新型数字化劳动资料，直接作用于数据这一新型劳动对象，深度融入生产各环节，有力推动资源要素快速流动与高效匹配。

数字经济推动要素创新配置，为新质生产力提供物质基础。改革开放初期，我国经济增长模式主要是传统要素投入型增长模式，即粗放式发展模式，该发展模式以劳动要素和其他生产要素量的投入为特征，主要表现为通过不断增大要素投入规模实现扩大再生产。随着我国经济进入高质量发展阶段，粗放式发展模式赖以存在的条件发生重大变化，人口红利逐渐消失，劳动力成本不断提高；资本盈利水平下降，投资动力减弱；资源约束趋于刚性，制约经济发展，粗放式发展模式难以为继。数据逐渐变得具有更强的独立性、更高的价值，并日益从传统生产要素组合中分离出来，甚至不断成长为具有显著影响力或关键作用的生产要素，在这一进程的推动下，经济增长模式持续转型，不再由资源、资本这类传统要素驱动进行粗放式发展，而是逐渐转变为依靠知识、技术、数据等新型生产要素，实现集约高效的发展模式；不再侧重于依靠增加要素数量实现外延式增长，而是更多地借助新驱动达成内涵型增长。生产要素结构的动态升级，推动从传统资源、劳动力及资本等传统生产要素驱动的传统生产力向数据、新技术、人才等新型生产要素驱动的新质生产力的转变。

数字经济推动产业转型升级，为新质生产力提供重要载体。产业是生产力发挥作用的重要领域，新质生产力的发展实际上就是前沿创新成果有效赋能劳动者和劳动资料，在新的时代条件下高质量改造经济社会的过程。从历史维度来看，技术变革成果都是通过在生产中的广泛应用，引发产业变革，进而改革至整个经济社会的运行模式。每次科技革命浪潮都会打破既有边界，继而与重大现实需求相结合，催生新产业，改造传统产业，驱动新一轮繁荣增长。第一次工业革命孕育了纺织等劳动密集型产业，第二次工业革命孕育了电力、石化、钢铁、汽车等资本密集型产业，第三次工业革命孕育了航空航天、电子信息等知识密集型产业。第四次工业革命以新一代信息技术、新能源技术、新材料技术、新生物技术为科技革命主要突破口，开辟大量新的产业领域。在新一轮产业科技革命中，数字技术和数据要素与经济社会各领域全过程深度融合，成为推动生产力发展的核心力量。数字经济通过赋能劳动者和劳动资料，推动建设现代化产业体系，打造新的经济增长点，一方面加快传统产业向高端化、智能化、绿色化转型升级，另一方面培育发展壮大新兴产业，加快新质生产力的发展。当前，传统产业、战略性新兴产业、未来产业的发展都已成为建设现代化产业体系、推进新质生产力发展的重要内容。坚持传统产业、战略性新兴产业与未来产业并重，存量变革与增量发展并举，是实现生产力跃迁、培育壮大新质生产力、塑造竞争新优势的重要基础和核心。

要素篇

▷ 第四章
数字经济催生新型劳动对象

（一）新型劳动对象是新质生产力的重要组成

劳动对象指劳动过程中人们加工、改造或服务的对象，或以之为劳动活动的载体而进行生产活动并创造劳动价值的承载物，既包括实体性劳动对象，也包括非实体性劳动对象，既包括天然的资源，也包括经过加工的中间品。实体性劳动对象通常指原材料、零部件等，非实体性劳动对象则包括知识或者某种服务等。

劳动对象是新质生产力发展的物质基础，直接体现了时代的生产力发展水平。不同的生产力发展水平有不同的劳动对象，同时，劳动对象的质与量也制约着生产力的发展水平。随着新一代信息技术、生物技术、新能源技术等的发展，科技创新的广度延伸、深度拓展、精度提高、速度加快，劳动对象也随之变化。一些劳动对象因为效率、环保、技术更替等限制和约束退出了市场，但更多新型劳动对象不断产生，劳动对象的种类和形态得到极大丰富，创造了新的生产空间，满足了多元化、个性化需求的物质基础。

新材料、新能源等新型劳动对象不断涌现。太阳能、风能、氢能、核能、地热能等新能源，以及碳纳米材料、仿生材料、光电子材料等新材料，能够有效克服传统能源和材料储量不足、不可再生、对环境破坏严重的缺点，有助于实现节能减排，加快推动发展方式绿色低碳转型。以新材料为例，超级钢、电解铝、低环境负荷型水泥、全氟离子膜、聚烯烃催化剂等新型劳动对象的创新突破，不断拓展生产领域的边界，促进了钢铁、有色金属、建材、石化等产业发展。例如，第三代铝锂合金成功在国产大飞机上实现应用，第二代高温超导材料支撑世界首条35千伏千米级高温超导电缆示范工程上网通电运行。据工业和信息化部（下文简称"工信部"）数据，2023年，我国新材料产业总产值超过7.9万亿元，保持两位数增长。我国新材料产业加速发展，产业规模不断扩大，培育形成了7个新材料领域国家先进制造业集群。同时，相关企业的实力逐步增强。数据显示，截至2023年10月，我国新材料规上企业已超2万家、专精特新"小巨人"企业超过1900家、制造业单项冠军企业达200余家，成为推动区域高质量发展的重要力量。

数字技术应用进一步拓展劳动对象范围。传统的劳动对象包括煤、石油等自然资源，还有棉花、钢材、零部件等经过加工而得到的产品。数字技术不但能够拓展传统劳动对象的范围，还能大幅提高传统劳动对象的附加值，通过对生产、分配、流通、消费各环节全链赋能、系统增效，倍增传统劳动对象的价值效用，通过乘数效应实现全要素生产率的提升，持续拓展生产可能性边界。以数字孪生技术为例，数字孪生是一种集成物理模型、传感器数据、运行历史等多源信息的虚拟化技术，能够实时反映对应物理实体的状态、变化和行为。通过将物理世界与数字世界相结合，数字孪生技术为产品设计、产品生产、产品维护等各个环节提供数字化支持，在多个行业中具有广泛的应用前景。例如，汽车制造业的传统劳动对象是汽车及其组装零件，数字孪生技术可以将在虚拟环境中进行的新车研发及汽车生产过程的劳动对象转变为数字孪生体，拓展汽车制造业的劳动对象范围。汽车制造商可以利用数字孪生技术建立虚拟汽车模型，通过模拟汽车在不同路况、驾驶条件下的性能，提前发现潜在问题，优化汽车设计方案。企业还可以利用数字孪生技术模拟整个生产流程，帮助企业找出生产流程中的瓶颈和问题，优化生产流程，提高生产效率。在生产过程中，数字孪生模型可以实时反映生产线的运行状态和产品质量，帮助企业及时发现生产异常并进行处理，降低生产成本和废品率。在设备维护方面，数字孪生技术可以通过收集设备的运行数据，构建设备的虚拟模型，预测设备可能出现的故障和问题，帮助企业提前进行设备维护和维修，避免设备在生产过程中出现停机等情况，提高了设备的利用率和稳定性。

（二）数据成为数字经济时代关键的新型劳动对象

数据成为数字经济时代的新型劳动对象。随着新一代信息技术的发展，数据的采集、处理、分析成本不断降低，生产主体能够以较低的边际成本获得海量数据并投入生产。生产过程中被加工、改造或服务的目标，已由传统的原材料、零部件等实体性对象，扩展到了数据等非实体性对象。5G、物联网、算力中心等新型基础设施的日益完备使得数据的生成、存储和传输变得更加便捷和高效；人工智能、机器学习、大数据分析等数据处理技术的提升使得人们能够更加高效地从海量数据中提取有价值的信息；工业互联网、云计算、虚拟现实等数字化生产工具的普及为数据在生产过程中的广泛应用奠定了基础。例如，通过数据管理系统对交通数据这一劳动对象进行收集、开发利用和有效分析，政府能够根据车道上车辆通行密度进行合理的道路规划，实现即时信号灯调度，提升已有线路运行能力，创造社会经济效益。数据作为新型劳动对象的作用不断凸显。随着数字经济的快速发展，数据已成为国家基础性战略资源和关键生产要素，作为新型劳动对象参与物质生产和价值创造过程。数据要素所具有的非竞争性、可复制性的特征，使其能够突破传统生产要素的稀缺性限制，消除传统生产要素配置方式与需求错位对经济增长的制约，为价值创造提供了新的可能性。党的十九届四中全会首次将数据和土地、劳动力、资本、技术并列为五大生产要素，反映了随着经济活动数字化转型加快，数据对提高生产效率的作用日益显著的客观现实。

数据这一新型劳动对象呈现新的特征。数据的发展和应用可以分为数据阶段、数据资源阶段和数据要素阶段。数据不同阶段的特征与经济属性如表 4-1 所示，数据是指杂乱无章的电子原始记录；数据资源是指经过处理后，有使用价值的数据；数据要素是指可以交易，能发挥重要价值的数据资源。数据、数据资源、数据要素都具有虚拟性、可复制性、增值性、异质性和多元性等特征。虚拟性是数据的本质特性，是指数据的存在状态是无形的，以文字、声音、图像、视频等作为自己的存在形式。可复制性是指数据能够以远低于生产费用的成本进行复制，且能够被有效地使用到其他领域中，带来新的价值。增值性是指数据可以为产业带来产出增加、效率提升，以及产生新产业、新模式、新业态的作用而具有价值的特性。数据的增值性一般表现为乘数效应，通过赋能和优化传统生产要素配置效率新增价值。数据的异质性指数据的存储形式、价值密度、行业属性等存在显著差异的现象。多元性是指数据对一个行业有很高的经济价值，但对另一个行业没有任何价值或者价值较低的特性。同时，区别于传统生产要素经济属性不变的特征，数据在不同阶段表现出不同的经济属性。在数据阶段数据表现为具有公共品属性，即具有非竞争性、非排他性和正/负外部性；在数据资源阶段数据表现为具有准公共品属性，即具有部分排他性、部分竞争性和正外部性；在数据要素阶段，数据则表现为具有私有品属性，即具有强竞争性、强排他性和强正外部性。数据不同阶段的特征和经济属性，决定了数据发展和应用在各阶段有独特的特点和推进方式。

表 4-1　数据不同阶段的特征与经济属性

	数据	数据资源	数据要素
特征	虚拟性、可复制性、增值性、异质性、多元性		
经济属性	非竞争性 非排他性 正/负外部性	部分竞争性 部分排他性 正外部性	强竞争性 强排他性 强正外部性

资料来源：中国信息通信研究院

公共数据、企业数据和个人信息数据是三类劳动对象。 如表 4-2 所示，公共数据是指各级政府部门、法律法规授权的具有管理公共事务职能的企事业单位（统称"公共管理和服务机构"）在依法履职或提供公共服务过程中产生的数据。公共数据体量大，公共品属性强，更容易被政府统一管控。企业数据是指企业在开展经营活动、生产活动过程中，自生、收集、整理或购入的各类数据及其衍生数据，不涉及个人信息和公共利益。企业数据资产性强，数据质量高，可以用于企业决策优化、产品创新、客户服务提升等多方面，有较高商业价值。个人数据是以电子或者其他方式记录的与已识别或者可识别的自然人有关的各种信息。个人数据涉及大量个人隐私，数据敏感性强，信息来源分散。

表 4-2　数据分类及特征

	公共数据	企业数据	个人数据
识别要件	公共管理和服务机构在依法履职或提供公共服务过程中产生的数据	企业在开展经营活动、生产活动过程中产生的数据	以电子或者其他方式记录的与已识别或者可识别的自然人有关的各种信息
特殊性	体量大，公共品属性强，易统一管控，涉及国家安全	资产性强，具有较高商业价值，涉及商业机密	涉及大量个人隐私，数据敏感性强，信息来源分散

资料来源：中国信息通信研究院

（三）数据这一新型劳动对象的发展现状

1. 公共数据

通过推进公共数据开放平台建设与公共数据目录编制促进公共数据开放。公共数据开放是指公共管理和服务机构面向社会提供具备原始性、可机器读取、可供社会化再利用的数据集的公共服务。公共数据开放的主要抓手有二。一是建立统一的公共数据开放平台，打通各级部门数据流通渠道。各地政府依托公共数据开放平台，公共数据开放总量可观。截至 2024 年 7 月，我国已有 243 个省级和城市的地方政府上线了公共数据开放平台，其中省级平台共 24 个，城市平台共 219 个，省级公共数据开放平台开放的有效数据集超过 37 万个。其中，东部地区数据开放程度较高，截至 2024 年 8 月，北京市开放公共数据集达 1.8 万个，开放数据达 71.9 亿条，浙江省开放公共数据集达 3.3 万个（含 1.7 万个应用程序接口），开放数据达 219.2 亿条。二是实施目录化管理，依照统一数据开放目录向市场开放数据。编制公共数据目录，统一公共数据资源管理体系。各地以省或城市为单位建立统一管理的"公共数据目录"，目录涵盖经济与民生重点领域，一般根据数据的安全属性和所需处理能力划分为"无条件开放数据""有条件开放数据""不予开放数据"3 类，所开放的数据集一般以列表、接口、链接 3 种形式呈现。

通过组织试点推动公共数据授权运营实践。 公共数据授权运营是将不能面向公众广泛开放的公共数据，通过一定程序将加工使用权和产品经营权授予可信的特定机构，进行初级公共数据产品开发，将开发出的产品和服务提供给公众。目前，各地政府正在积极探索公共数据授权运营机制，部分省市已出台相关管理办法，根据较为成熟的实践，将公共数据授权运营机制分为独家授权模式和特许开发模式两种模式。独家授权模式通常表现为设立国有资本运营公司，公共管理和服务机构将用于开发的原始数据全权授予该公司进行增值性开发利用，如云上贵州大数据（集团）有限公司、数字浙江技术运营有限公司、数字广西集团有限公司、数字广东网络建设有限公司等。特许开发模式通常表现为以特定场景的用数需求为导向，公共管理和服务机构依据准入原则将数据加工使用权和产品经营权授予可信的市场主体，如，海南省数据产品超市、济南"数据超市"、北京市公共数据专区等。杭州、温州在授权办法中明确了公共数据授权范围及先行先试的场景领域，探索提倡"一场景一授权", 在推动场景应用的同时提高数据安全水平。在垂直细分领域中, 部分公共部门已开展将本行业内的公共数据授权给市场运营主体的实践, 如人力资源和社会保障部信息中心授权金保信社保卡科技有限公司运营电子社保卡, 服务金融机构和社会公众; 民用航空局、最高人民法院和中国气象局等, 通过设立网络门户、大数据平台、数据库等方式, 向社会提供相应的数据产品或服务。

公共数据充分赋能政用、商用和民用。公共数据具有广泛、丰富的应用场景, 对"政""商""民"各领域的赋能作用正在逐步释放, 提升了政府治理现代化水平。政务数据共享有利于提升政府履职过程中的决策能力, 推进政府决策科学化、精准化, 起到"向内治理"的作用。公共数据开放有利于提升政府社会治理和公共服务水平, 推动数字政府高质量发展, 起到"向外治理"的作用。首先, 公共数据能解决中小企业融资难题。例如, 深圳地方征信平台汇集政府部门和公共事业单位涉企信用数据, 依托"数据'画像'+信贷规则", 实现融资供需对接数字化、线上化精准匹配, 创新中小微企业与金融机构的融资对接模式。自2023 年末上线至 2024 年 10 月, 深圳地方征信平台累计引入 80 余款信贷产品, 服务中小微企业获得授信额度 15 亿元, 有效降低中小微企业融资门槛和成本。其次, 公共数据的开放能提升公民出行便利度。公共交通数据应用示范场景有利于充分发掘交通数据要素价值, 部分城市已利用"智慧大脑"完善市民交通服务体系, 如上海市绿色出行一体化平台"随行申"App, 实现地面公交、浦江轮渡、打车出行、智慧停车等出行服务"一键达", 推进便民出行。

2. 企业数据

中国信息通信研究院连续两年对全国 20000 多家企业展开调研，从数据存储、数据密度、数据交易等维度，对我国企业数据市场发展现状展开测算和深度分析。

第三产业发展基础良好，数据存储量领跑。产业企业平均数据存储量和产业数据密度如图 4-1 和图 4-2 所示。我国拥有全球最庞大的数据生产群体。截至 2023 年 12 月，我国网民规模达 10.92 亿、移动电话用户达 17.27 亿户，居世界第一，数据存储规模庞大。从产业企业平均数据存储量来看，我国第二产业、第三产业企业平均数据存储量较高，分别为 14.58TB/ 企业和 15.22TB/ 企业，第一产业企业的数据存储量较少，为 9.41TB/ 企业[1]。从数据产量来看，第三产业企业依托互联网及各类平台，数据产量明显较高，为 245TB/ 企业，且数据量呈指数级增长。总体来看，受限于服务器成本高、数据处理能力弱、数据利用效率低等原因，我国企业数据存储率仅有 8.73%，数据存储率有待提升。从行业维度来看，数字化转型程度高、数据标准化程度高、数据集中度高、数据结构简单的行业数据存储量较高，如科学研究和技术服务业，金融业，电力、热力、燃气及水生产和供应业，信息传输、软件和信息服务业等。

1　三次产业结构是国民经济中产业结构问题的第一位的重要关系。三次产业是根据社会生产活动历史发展的顺序对产业结构的划分，分为第一产业、第二产业、第三产业。第一产业的属性取自自然界，包含农、林、牧、渔业（不含农、林、牧、渔服务业）；第二产业是加工取自自然的生产物，包含采矿业（不含开采辅助活动），制造业（不含金属制品、机械和设备修理业），电力、热力、燃气及水的生产和供应业，建筑业；其余的全部经济活动统归第三产业。

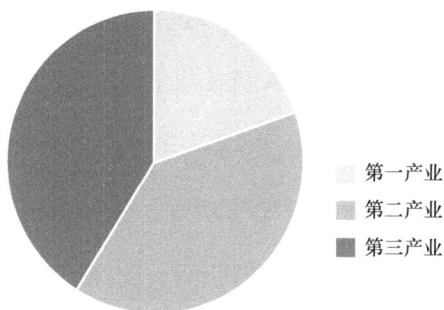

图 4-1　产业企业平均数据存储量

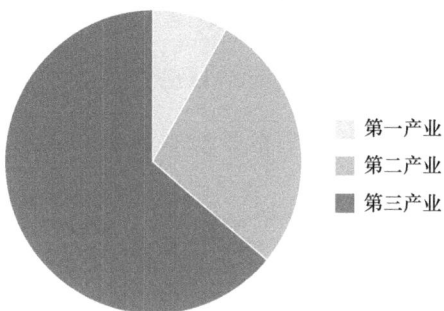

图 4-2　产业数据密度

数据交易迎来新规模、新模式，需求远大于供给。我国数据交易所上架产品种类丰富，涵盖金融、房地产、企业服务、医疗、互联网、物流、航运、工业等多个领域，交易量和交易额逐步提升。以深圳数据交易所为例，截至 2024 年 11 月，深圳数据交易所累计完成交易规模达 154.48 亿元，其中跨境交易规模突破 2.69 亿元，上市标的 2932 个，覆盖超过 70 个行业、294 个应用场景，建设了 26 个特色行业数据专区，数据交易成绩斐然。当前，市场已形成 4 类企业数据交易模式：一是企业间直接进行的数据交易，即两个或多个企业直接进行数据交换，需双方对数据交换方式、数据格式等进行协商并达成共识。二是基于政府数据交易平台的数据交易，即企业通过政府数据交易平台或数据交易所进行数据交换和交易，交易平台通常会为企业提供数据搜索、数据浏览、数据购买和数据交换等功能。例如，贵阳大数据交易所提供市场主体登记、数据交易服务等职能，支撑工业、农业、交通运输、生态环境等多源数据产品交易，依法依规面向全国提供便捷、安全的数据流通交易服务。三是基于企业数据交易平台的数据交易。百度、腾讯、阿里巴巴等企业，其派生的数据交易平台往往作为子平台或独立平台进行运营，数据主要来源于其母公司并以服务母公司为目标。例如，阿里巴巴成立的专注于企业数智服务的子公司"瓴羊"，致力于将阿里巴巴集团在消费等领域沉淀的数字化能力转化为智能产品和服务。四是数据资源企业推动的数据交易。数据资源企业可实现数据"采产销"一体化经营，数据变现意愿更强烈，数据交易价格相对较高。例如，成都探码科技有限公司利用云计算、大数据和人工智能等技术助力企业实现从数据采集、数据处理到数据应用的数据全生命周期管理，现已成功应用到互联网、金融、数字政府、智能制造等多个领域。

企业数据对内驱动业务决策，对外赋能行业发展。据调查，我国38.72%的企业基于数据进行企业管理者战略决策，19.61%的企业运用数据开展全企业生命周期管理，企业内部的数据应用能力虽有提升，但仍有较大提升空间。从具体环节来看，运用数据进行采购、推动研发设计、指导生产流程及实现智慧营销的企业分别占比27.39%、18.14%、28.66%、15.50%。例如，中国农业银行通过数据挖掘技术，分析客户的交易数据、信用评分和历史欺诈行为等，识别潜在欺诈行为并及时采取措施，降低信用卡欺诈损失。京东集团借助数据管理商品质量和优化物流过程，提高产品一次性合格率，减少资源浪费，优化商品配送路线，提高了快递配送效率，降低了物流成本。从企业数据对外赋能来看，部分企业通过获得跨行业企业数据，提升自身管理能力和经营效率。例如，赣州市气象部门通过分析历史气象数据和未来气候趋势，建立了基于气象因子的脐橙采摘期预测模型。赣州市脐橙协会每年根据气象部门的预测，确定赣南脐橙最早采摘时间，保障脐橙品质。金融机构通过分析用户消费记录、社交网络用户行为等信息，预测用户购买意愿和购买力，为用户个性化推荐信用卡、贷款或投资等金融产品，以提高营销效果和效率，提升用户满意度。

3.个人数据

目前，我国的公共数据市场及企业数据市场都有初步发展，但个人数据由于存在显著的个人隐私保护、数据安全等问题，**个人数据市场发展缓慢**，目前仅可观察到少数案例。一是消费者合同，即用户在使用开发商提供的应用软件时，会签署格式化的用户协议及隐私条款。这意味着，消费者每时每刻在为享受服务甚至支付款项交换自己的个人数据。例如网购类平台淘宝、京东，社交类平台微信，甚至医疗或者运动类平台，作为用户享受经营者提供平台功能服务的交换，用户都会提供个人的位置信息、消费信息，甚至生物识别信息。二是数据交易所，2023年4月，中国首笔个人数据合规流转交易在贵阳大数据交易所完成。在征得个人用户的同意之后，好活（贵州）网络科技有限公司收集他们的简历，并将其中的信息处理为数据产品，通过加密计算等技术确保可用性和隐私。好活（贵州）网络科技有限公司将数据产品上架贵阳大数据交易所，用人单位可以在交易所购买数据，而个人用户可以通过平台获得其个人简历数据产品交易产生的利润分成。2023 年 12 月，北京国际大数据交易所推出"数据授权平台 – 微信小程序版"，个人在平台上实名注册后，可以了解自己名下的数据目录，并对数据进行逐笔逐场景授权操作，替代当下普遍存在的"一揽子授权"现象，实现"我的数据我做主"。

（四）分类挖掘数据这一新型劳动对象价值潜力的路径及建议

公共数据、企业数据和个人数据描述了 3 类数据主体和 3 种数据来源，如图 4-3 所示。**技术、市场和制度是释放数据要素价值的 3 类力量也是挖掘 3 种类型数据价值的三重视角**，需要以技术、市场和制度等手段为工具，因业施策、分类推进。其中，技术应用是基础，强化数据基础设施建设布局，促进数据要素主体间的互信流通；市场流通是关键，推动数据要素合理配置，激发市场主体创新活力，发挥数据要素叠加、倍增作用；制度创新是保障，实现数据要素规范管理，在维护数据安全的前提下，促进数据合规高效流通。

对于公共数据、企业数据和个人数据，技术、市场和制度的力量略有不同。公共数据的国有特征明显，更易被政府统一管控，因此制度在公共数据市场发挥更大的作用。企业数据具有资产特征明显的属性，且企业逐利，故市场在企业数据市场发挥更大的作用。个人数据具有私有特征明显的属性，目前已建立个人数据安全保护制度，故技术发挥的作用更大。

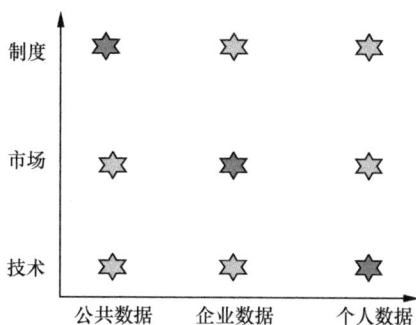

来源：中国信息通信研究院

图 4-3 三路并举、因业施策推动数据要素市场发展

1. 以制度完善为关键，推动公共数据市场发展

制度完善是公共数据市场发展的关键。一是要开展全国数据资源调查，摸清数据资源底数。健全数据资源管理体制，绘制国家数据资源图谱，建设公共数据主题库、专题库，形成公共数据"一本台账"。二是建立公共数据分类分级授权制度，丰富数据产权制度，明确各责任主体。区分数据类型研制分级管理指南，以合同约定、协议等方式明确数据权属主体、数据运营主体和数据加工主体类型、相应责任、收益分配机制等。三是强化公共数据管理考核评价制度，完善供给制度，激发数据持有方供给动力。完善政务数据共享机制，建立公共数据考核指标体系，将公共数据开放数量、质量、社会效益等纳入考核体系，强化数据主动开放的制度与考核约束。四是明确公共数据开发利用制度，保护数据加工使用方合法权益。强化公共数据汇聚治理，通过有条件有偿开放公共数据、公共数据授权机制的建立等推动公共数据开发利用，建立公共数据专区，明确公共数据开发利用的权利责任、程序与管理要求。

39

同时，通过市场和技术协同配合，推动公共数据市场发展。市场方面，推动公共数据授权运营等市场化模式，激励公共数据供给。规范公共数据授权条件、授权程序、授权范围等，对公共数据运营主体进行长效评估，建立退出机制。明确公共数据收益分配办法，使地方政府、数据运营和数据加工主体等获取适当收益。鼓励探索合理的分红、提成等收益分配和利益调节机制。稳慎探讨"数据财政""数据税收"，反哺公共事业建设发展。技术方面，依托自主可控区块链软硬件技术体系，如"长安链 Chain Maker"软硬件技术体系等，保障公共数据流通安全。统筹公共数据基础设施建设，基于智能合约、不可篡改、数据加密等区块链技术，提供可信数据的存证、验证、溯源、共享、流转服务，形成对公共数据的主动监测、问题发现和问题处置修复的闭环管理机制。

2. 以市场培育为关键，推动企业数据市场发展

市场是企业数据价值释放的核心。一是通过开展数据资产"三权分置"试点加快企业数据逆向确权探索。选取北京、上海、深圳等地区开展"三权"确认及权利流转试点，在实践中探索 3 类权利（数据资源持有权、数据加工使用权、数据产品经营权）的属性、边界和主体，倒推数据产权归属。二是建立数据市场价值评估体系。出台企业数据资产价值评估标准，研究建立基于数据属性的数据公允价值评估办法和定价标准，构建数据资产价值评价指标体系。鼓励市场主体探索和健全数据报价、询价、竞价、定价机制。三是构建数商协作的市场支撑服务体系。实施数据交易所牌照管理，构建"国家级 + 区域级 + 行业级"三级数据交易所牌照发放体系，重点推动"行业级"交易所认定，合理设定牌照

发放数量。建立数商业务标准规范和评级制度，加强数商准入资格管理，完善数据经纪、托管、撮合、担保、审计等形态，鼓励数商企业跨地域、跨领域积极加入数据要素市场。四是鼓励数据资产信贷融资等数据流通方式、模式探索。鼓励数据资产信贷融资、数据信托等数据资产金融创新活动，通过组织试点、案例推广、贯标引导、财税补贴等方式推动各地各行业积极探索数据流通新方式、新模式。

同时，以技术和制度手段作为支撑，推动企业数据发展。技术方面，推动行业可信数据空间建设，构建数据要素标识体系。明确可信数据空间的发展方向和目标，规划发展路径，通过资金支持、实验室建设等加强可信数据空间关键技术攻关和标准研究，支持行业龙头企业、数商、数据交易机构等依托可信数据空间开展数据共享流通应用。加快数据要素标识体系顶层设计，构建新型数据服务网络，建立协同推进机制。制度方面，完善数据交易市场制度体系。建立数据产权省部联席机制，建设互联互通的数据产权登记平台，落实"一地登记，全国共享"的数据产权登记机制。建立合规高效、场内外结合的数据要素流通和交易制度，明确数据流通规则，在数据确权、定价、评估、运营等重要环节建立统一标准。构建覆盖数据资源全产业链的安全监管体系，建立面向企业的数据安全备案机制及面向数据市场的安全风险预警机制，保障数据要素市场安全。

3. 以技术应用为关键，推动个人数据市场发展

技术手段是个人数据安全的保障。我国已出台《中华人民共和国个人信息保护法》《中华人民共和国消费者权益保护法》等法律，保障个人数

据安全，其实际落地需依靠技术手段。一是要强化实现数据系统安全稳定运行的技术能力和保障体系。强化全密态执行环境、敏感数据自动识别、高效数据加解密、细粒度的权限控制、零信任等内生安全技术的研发和落地应用。对于数据系统的稳定性，倡导落实相关保障体系的建设和实践。二是采用隐私保护与风险监测技术维护个人数据跨境传输安全。利用密码技术、去标识化、联邦学习等隐私计算手段对数据进行全生命周期安全防护，在数据处理、数据跨境传输、数据访问计算过程中实现数据加密、脱敏、"可用不可见"等目标。加强风险监测，在数据分类分级基础上，加强敏感数据识别、安全审查、应急响应等技术体系建设。

同时，以市场和制度手段作为辅助，推动个人数据市场发展。市场方面，可探索个人数据银行等数据流通模式，鼓励深圳、上海等地探索个人数据受托机制，通过搭建个人数据银行等模式先行先试，由具备政府认证资质的机构运营，进行个人数据授权、保存、管理、分享和开发等。同时建立个人数据收益补偿机制，保护个人数据收益，补偿数据存储等成本，成立数据审查小组予以监督。制度方面，细化个人数据保护细则。完善个人信息侵权法律责任制度，出台识别个人信息的指南、标准等，明确区分个人信息、非个人信息及个人信息匿名化等具体要求，建立侵害个人信息惩罚性赔偿制度和个人信息保护负责人制度，完善协同监管机制。建立数据跨境流动传输保护机制，制定重要数据目录，建立标准合同、数据保护充分性认定等多样化数据传输保护机制。

▷ 第五章
数字经济塑造新型劳动资料

（一）劳动资料是社会生产力发展阶段的划分标志

马克思认为，"各种经济时代的区别，不在于生产什么，而在于怎样生产，用什么劳动资料生产。劳动资料不仅是人类劳动力发展的测量器，而且是劳动借以进行的社会关系的指示器"。

蒸汽动力技术推动劳动资料从手工工具向机器转变，推动人类社会从农业社会步入工业社会。第一次工业革命以机械动力替代人力、畜力，第一次使自然力大规模地从属于直接生产过程，使生产力克服了劳动过程中劳动者的体力限制，将人控制和利用能量的能力提高到了新的高度。恩格斯指出，"现代工业存在的条件——蒸汽力和机器"。"蒸汽机确实是所有那些以它为凭借的巨大生产力的代表"[1]。"资产阶级在它的不到一百年的阶级统治中所创造的生产力，比过去一切世代创造的全部生产力还要多，还要大"[2]。蒸汽机技术的创新完善，使得英国棉纺织工厂逐渐从原来使用水车全面转向使用蒸汽机，且蒸汽动力成为诸多工业部门深为倚重的动力源。到 1835 年，英国棉纺织业使用的蒸汽机至少提供了 3 万

1　《反杜林论》第3卷，第154页。
2　《马克思恩格斯选集》第1卷，第256页。

马力（1马力≈735瓦特）的动力，而水车动力仅为1万马力。到1856年，全英国棉纺织业使用的蒸汽机的动力已高达8.8万马力，而使用的水车的动力已降至0.9万马力，约为蒸汽机动力的1/10。与此同时，英国棉花加工业规模在130年内扩大了1048倍，生产力大幅跃升。

电力技术推动机械设备成为劳动资料，推动人类社会由蒸汽时代进入电力时代。电力技术和内燃机的发明和应用，不仅将电作为一种崭新的能源动力投入生产过程，使机器的动力系统提高到了一个新的水平，更由于机械传动系统的改善，解决了蒸汽机时代机器体系的内在矛盾，极大地推动了生产力的发展。电力作为电机的动能来源，开启了工业制造的新生产模式。完整的生产工序被分割成一个个环节，工人间的分工更为细致和专一，产品的质量和产量得以大幅度提高。流水线极大促进了生产效率提升和产品的标准化。例如，美国福特公司首创生产流水线工艺，把需要装配的汽车零件放在输送带上，技工只需站在输送带两边进行重复操作，大大节省了来往取零件的时间，提高了工序熟练度。电力时代整个社会物质资料的生产速度，令蒸汽时代望尘莫及。1870 — 1900年，世界工业总产值增长了2.2倍，世界钢产量从52万吨增长到1830万吨，世界贸易总量增长了3倍。

信息技术推动劳动资料从机器向自动化生产设备转变，推进人类社会从机械化时代进入自动化时代。1969年，美国数字设备公司研制出基于集成电路的可编程逻辑控制器，其用计算机代替低压控制器，用程序代替硬接线，通过输入和输出电平与外部设备直接相连，在结构上易于扩展，并被应用于通用汽车公司的自动装配生产线。控制器的出现把劳动者从大部分简单生产过程中解放出来，劳动者从此不用充当机器生产的环节，只需对机器生产进行部分控制和监督。信息技术的创新、扩散、融合、渗透带来生产效率的极大提升，成为推动社会生产力发展的巨大动力。1961—1968 年，计算机在美国设备投资中的占比持续上升，劳动生产率 10 年平均增速由 1961 年的 2.11% 上升到 1968 年的 2.96%，提升了 0.85 个百分点。1975 年后，计算机迎来第二波且长时间的广泛应用，劳动生产率增速由 1982 年的 0.42% 最高上升到 2005 年的 2.13%，提高了 1.71%。2002—2014 年，我国信息经济规模高速增长，在 GDP 中所占的比重迅速提升。据中国信息通信研究院的测算，2002 年，我国信息经济规模占 GDP 的比重为 10.3% 左右，在呈现年平均增速高达 24% 的指数级增长之后，2014 年我国信息经济总量达到 16.2 万亿元，同比名义增长超过 21.1%，显著高于当年 GDP 增速，占 GDP 的比重超过 26%，同比提升 2.4 个百分点。信息经济成为带动经济增长的重要动力，2014 年中国信息经济对 GDP 增速的贡献率已达到 58.35%。

数字技术推动劳动资料从实体形态向虚拟形态延伸。劳动资料的数字化变革标志着生产方式的重大革新，深刻推动着生产力的进步与生产关系的发展。**一方面，人工智能、工业互联网、物联网等数字技术有机结合并演化生成数字基础设施。**工业经济时代，依托于机器和厂房的生产过程往往在特定物理地点发生。5G、云计算、人工智能、物联网、区块链等新一代信息通信技术及基于此类技术形成的各类数字平台构成了数字经济时代的数字基础设施，服务生产生活的方方面面。数字基础设施像水、电、公路一样，成为人们生产生活的必备要素，为产业格局、经济发展、社会生态发展提供了坚实保障。数字经济时代，在实体基础设施的基础上，生产过程还依托数字基础设施和数字化劳动资料，从物理空间向数字空间映射拓展。**另一方面，数字化生产工具在生产过程中得到广泛应用。**以人工智能为代表的数字技术已成为新一轮科技革命的主导技术，形成了以智能化系统为代表的新型劳动资料。智能传感设备、工业机器人、云服务、工业互联网等数字化劳动资料，在算力、算法上所展现出的高链接性、强渗透性、泛时空性，都是以往任何技术革命无可比拟的，它们直接作用于数据这一新型劳动对象，实现了与生产各环节的深度融合，推动资源要素快捷流动和高效匹配。如果说工业革命拓展了人类体力，通过大规模工厂化生产创造出海量物质财富，那么新一轮技术革命正在空前地增强人类脑力，带来生产力又一次质的飞跃。例如，CPS（信息物理系统）技术将控制不同生产模块的智能机器相连接，构建一体化智能生产体系，在生产过程中可以同步收集、提取、传输数据，劳动者无须进入真实的工厂，直接在网络空间中解读数据、优化算法就能完成实时监测、模块控制及路径优化等工作，进而提高劳动生产率。随着我国数字经济规模不断扩张，劳动工具的数字化发展也在快速推进。截至 2023 年年底，我国重点工业企业关键工序数控化率、数字化研发设计工具普及率分别达到 62.9% 和 80.1%。

（二）数字经济时代劳动资料的变革升级机理

劳动资料的作用范围全方位深化拓展。数字经济时代，仅有传统劳动资料参与的劳动过程，往往无法满足动态变化、异质性的市场需求，需要传统劳动资料与数字化劳动资料的融合和协同作用。**一方面，数字化劳动资料的作用深度不断加强。**以人工智能技术为例，通用大模型是指具备处理多种不同类型任务的人工智能模型，这些模型通常是通过大规模的数据训练而成的，能够在多个领域和应用中表现出良好的效能。人工智能技术与各类制造业传感器、机器设备、行业知识库融合形成的垂类大模型，能够针对异质性产品和制造流程的深度优化，更能满足企业级应用场景的垂直性和专业性要求。由于垂类大模型接收了大量特定领域的数据和知识，因此可以基于领域知识生成更具深度的解决方案。如 ChatDD 新一代对话式药物研发助手、面向游戏行业的图像内容生成大模型等。根据《2023 大模型落地应用案例集》的统计，目前近 65% 的人工智能大模型是垂类大模型。**另一方面，传统劳动资料的作用广度持续扩大。**数字化劳动资料与传统劳动资料的融合，不仅提升了传统劳动资料的效率和智能化水平，还拓展了其作用广度。以网约车为例，传统巡游出租汽车基本上是全天候行驶在道路上的，空驶率近 50%，出租车服务的经济效益、社会效益、环境效益、服务效率和社会满意度等指标均处于较低水平。大数据和算法的参与，不仅让私家车等参与社会生产服务过程，释放和利用闲置社会车辆，更拓展了出租车、私家车等传统劳动资料发挥作用的物理和市场空间范围，综合提升了社会资源配置效率和生产力水平。

劳动资料的分布集中化与分散化并存。工业经济时代，劳动资料随着工业企业规模不断扩大，越来越向大企业集中。数字经济时代的劳动资料分布呈现出集中化与分散化并存的发展态势。**一方面，核心数字化**

劳动资料集中化分布。正如同工业时代，工业大机器往往由企业所有；数字经济时代，与劳动者直接结合的劳动工具由劳动者所有，但算法、芯片等核心劳动资料一般由数字平台所有，劳动者通常不掌握关键劳动资料，仅依托其提供的平台、开发环境进行生产和劳动。例如，算法是外卖平台运营的核心劳动资料，平台基于顾客订单、配送员位置、预计送达时间等因素，自动分配订单给最合适的配送员，从而优化订单分配、外卖配送路线规划，确保配送效率最大化，而外卖配送员作为外卖平台上的劳动者，并不掌握算法这个核心劳动资料。**另一方面，实体劳动资料分布呈分散化趋势。**在数字经济时代，企业可以利用数字技术，将分散在不同产业、不同地域和不同企业的生产设备等劳动资料连接起来，实现更大范围、更大规模的劳动协作与劳动资料协同作业，实现原材料、零部件生产与组装的协作。这种基于数字技术的网络化协作生产模式在物理空间上相较工业经济生产模式更为分散，但企业可以通过数字技术对整个生产过程进行实时监控、协调管理，其协作化程度反而更高、协作更加深入。例如，工业互联网使得不同地理位置上的机器和设备等实体劳动资料通过标准化的通信协议和网络技术相互连接，实现跨系统、跨厂区、跨地区的全面互联互通，共享数据和资源，构建起覆盖全产业链、全价值链的全新制造和服务体系，实现生产和服务资源更大范围、更高效率、更加精准地优化配置。

（三）人工智能技术推动劳动资料智能化变革

人工智能作为第四次工业革命的通用性目的技术，是引领这一轮科

技革命和产业变革的战略性技术，具有溢出带动性很强的"头雁"效应，是推进新质生产力发展的最典型代表性技术。**在微观层面，**人工智能发展传统自动化为智能自动化。通过引入智能化的生产线和自动化机器人，人力成本可以得到有效降低。自动化机器人的出现使得生产更加高效、精准和快速。生产线上的机器人可以执行重复性任务和繁重的工作，从而解放出大量的人力资源，让劳动者专注于更具优势和创造性的工作。基于人工智能技术的智能技术平台，尤其是新型智能工具，不仅替代了体力劳动，还实现了对部分脑力劳动的替代。高盛报告指出，人工智能技术的使用可以促进劳动生产率的增长，并随着时间的推移将全球GDP提高7%。**在中观层面，**人工智能可以帮助企业提高生产效率和管理效率。在生产过程中，人工智能帮助企业实现生产计划和任务的快速响应和调整。通过对生产数据进行实时监测和分析，人工智能可以根据生产线的状态和运行情况，自动判断并调整生产任务和物料供应，从而最大程度地提高生产效率和减少生产成本。例如，西门子公司开发的预测性分析系统Predictive Service Analyzer基于人工智能针对泵、风扇和压缩机等进行实时评估，生产效率提高超10%。在生产质量管理方面，人工智能可以帮助企业进行物料和产品的质量监测和控制。通过对生产数据的实时分析和预测，人工智能可以帮助企业监测和检测潜在的质量问题，并及时采取措施进行纠正，以确保产品的质量和用户满意度。例如，山东大学基于生成对抗网络模型实现设备微小缺陷检测的数据集扩展，达到了99.2%的检测精度。在供应链管理方面，人工智能可以通过智能算法和优化模型，帮助企业进行物料采购和供应链调度等决策，从而最大限度地降低运营成本和提高供应链的效率和可靠性。例如，上海云运智科公司开发的"简宜运"智慧供应链平台实现供需方的精准对接，目前已为数千家中小型贸易企业及用户提供 140 万余次查价，累计节省供需对接耗时超 60 万小时。**在宏观层面**，人工智能促进管理效率、资源配置效率和社会交易效率的提升，推动创新并提高全要素生产率，深化社会分工形式，大大拓展产品创新的空间，从提升分工专业化效率转向提升分工多样化效率，从多样性的角度拓展生产可能性边界。

▷ 第六章
数字经济培育新型劳动者

（一）数字经济时代新型劳动者范畴、内涵与特征

数字经济的崛起正在迅速改变全球经济结构和社会形态，不局限于产业和市场的变革，还深刻改变了劳动者的角色、性质和工作方式。传统劳动者的定义和工作方式在数字经济时代正面临着前所未有的挑战和重塑。在这种背景下，探讨新型劳动者的范畴、内涵与特征具有重要的理论和实践意义。

1. 数字经济时代新型劳动者范畴与内涵

在数字经济蓬勃发展的今天，劳动者的范畴、内涵与特征正经历着前所未有的变革。

劳动者角色的历史演变。在农业经济时代，劳动者主要从事农业生产活动，生产效率依赖于土地和自然资源；在工业经济时代，劳动者主要参与工业生产和制造活动，劳动形式以体力劳动为主，生产效率依赖于机械设备和能源。在此背景下，劳动者的角色更多地体现为物质生产的执行者，其价值主要体现在劳动时间和劳动强度上。然而，随着信息技术和数字经济的发展，劳动者的角色发生了根本性转变。知识、创意和数据成为新的生产要素，劳动者的工作内容和劳动形式也趋于多元化、

复杂化和高技术化。数字经济时代，劳动者不仅是信息和数据的处理者，更是创新和创意的推动者。

新型劳动者的定义。随着数字技术的飞速发展，数字经济已经渗透社会经济的各个领域，催生了一系列新型职业和劳动岗位。新型劳动者是指在数字经济背景下，从事与信息技术、数字技术、创意经济等相关工作的劳动者群体。这一群体涵盖了从技术开发、数据分析、数字内容创作，到平台管理、共享经济服务等多种职业人员，不仅包括直接参与数字经济活动的人员，如软件工程师、数据科学家、网络安全专家等，还包括间接支持数字经济发展的角色，如数字营销专家、在线教育老师、网络客服人员、虚拟人设计师等。此外，随着网络众包平台的兴起，大量微劳动和灵活就业岗位也应运而生，进一步扩大了数字经济时代的劳动者范畴。

新型劳动者范畴的细化。在数字经济时代，劳动者范畴呈现出细化的趋势。一方面，随着数字技术的不断细分和专业化，新型劳动者需要具备更加专业的技能和知识。例如，在人工智能领域中，就细分出了机器学习工程师、自然语言处理专家等多个专业岗位。另一方面，随着数字经济与实体经济的深度融合，传统行业也需要大量具备数字技能的新型劳动者。如制造业中的智能制造工程师、农业中的智慧农业专家等。

2. 数字经济时代新型劳动者特征

高度依赖技术与技能。随着数字经济的发展，劳动者的工作内容日益复杂化，要求其具备多方面的技能。新型劳动者普遍具备较高的数字素养和扎实的数字技能，这些数字技能包括但不限于计算机技术、数据分析、人工智能、区块链等方面的能力。以数据科学家为例，他们不仅需要掌握计算机编程语言、数据处理工具，还需要具备数学建模、统计分析等专业技能。此外，软技能如团队协作能力、沟通能力和创造力也是新型劳动者的重要竞争力。具体来看，新型劳动者具备的能力包含以下3类：一是数字工具的运用能力，即熟练掌握各种数字工具和软件，如办公软件、数据分析工具、设计软件等；二是数据处理与分析能力，即能够收集、整理、分析和解读大量的数据，并从中提取有价值的信息；三是团队协作与沟通能力，即善于利用网络平台进行团队协作和跨地域沟通。这些技能不仅是新型劳动者完成工作任务的基础，也是在数字经济时代中保持竞争力的关键，为新型劳动者的工作提供强大支持，促使高效完成工作任务。

创意与创新驱动。在数字经济时代，创新意识和创造力成为衡量劳动者价值的重要标准之一。新型劳动者需要具备敏锐的洞察力、丰富的想象力和卓越的创造力，能够不断提出新的想法和解决方案，推动数字经济的创新发展。这种创新能力不仅体现在技术创新上，还体现在商业模式创新、管理模式创新等多个方面上。具体而言，一方面，新型劳动者应具备能够在数字化环境中提出新的想法和解决方案的能力，如在数字营销领域，创新的营销策略能够吸引更多的用户和客户。另一方面，新型劳动者应勇于尝试新技术和新方法，即不断探索新数字技术在工作中的应用，推动业务的创新发展。

具备跨学科知识与综合能力。数字经济是一个高度融合的领域，它打破了传统行业间的界限，实现了多领域的交叉融合。新型劳动者需要了解不同行业的特点和发展趋势，掌握多种技能和工具，具备跨领域的知识结构和能力素养，能够在复杂多变的市场环境中灵活应对各种挑战。具体来看，一方面，新型劳动者应具备融合多学科知识解决复杂问题的能力，如在智能制造领域中，新型劳动者需要融合机械工程、电子技术、计算机科学等多学科知识；另一方面，新型劳动者应具备项目管理、团队协作、市场分析等综合能力。

多元化和广泛化。数字经济时代的新型劳动者呈现出多元化和广泛化的特征。他们拥有不同的工作或学科背景、不同的技能和经验、分布在不同的行业和领域中。多元化和广泛化的新型劳动者不仅丰富了数字经济的人才资源，也为数字经济的发展提供了更加广阔的空间和更多的可能性。

灵活性和流动性。在数字经济时代，新型劳动者的工作方式和就业形态更加灵活多样。他们可以选择全职、兼职、远程工作等多种就业形式，也可以根据市场需求和个人兴趣随时调整职业方向。这种灵活性和流动性不仅提高了劳动者的就业效率和满意度，也促进了人力资源的优化配置和高效利用。

智力密集型和非物质性。数字经济时代的新型劳动往往以智力密集型和非物质性为主要特征。在此背景下，数字经济劳动者的工作内容主要涉及数据处理、信息分析、知识创造等非物质性劳动。这种劳动形式不仅要求劳动者具备较高的专业素养和创新能力，还要求他们具备良好的学习能力和适应能力，以应对快速变化的市场环境和飞速的技术进步。

人机交互和协同合作。 在数字经济时代，人机交互和协同合作成为新型劳动者的重要特征之一。随着数字技术的不断发展，越来越多的工作任务需要借助机器和智能系统来完成。新型劳动者需要掌握先进的数字技术工具和设备，与机器和智能系统实现高效的人机交互和协同合作。这种合作方式不仅提高了工作效率和准确性，还推动了数字技术的不断创新和升级。

（二）新型劳动者是发展新质生产力的根本支撑

在生产活动中，劳动者是主动的、有目的的，其技能、知识、经验和创新能力等是生产力发展的重要驱动力，不同生产力水平在很大程度上体现为劳动者的整体素质、技能和其他相关因素的差异。当前，劳动者的劳动能力在科技创新推动下提升到新高度。掌握先进技术、知识和劳动技能，并能够从事科技创新，适应数字化、智能化需要的劳动者，成为新型生产力中的革命性力量。

劳动者数字技能水平大幅提升。 劳动者技能是生产力发展的重要组成。第一次工业革命以机械化技术为引领，劳动者需要适应分散的机械化生产方式。第二次工业革命以电气化技术为引领，劳动者需要适应电气化流水线的生产方式。第三次工业革命以信息化技术为引领，劳动者需要掌握一定的机械操作技能，适应大规模、标准化的生产方式。当前正在进行的第四次工业革命以数字技术为引领，大数据、云计算、人工智能等数字技术快速迭代，技术之间的互通性增强、技能边界趋向模糊，生产过程推动劳动者向更高技能的复合型技术技能人才转变。数字经济对劳动者素质提出了更高要求，劳动者需要掌握操作数字设施设备等一

55

系列数字技能，以适应数字化、网络化、智能化的生产方式。人力资源和社会保障部发布的《中华人民共和国职业分类大典（2022年版）》净增158个新职业，其中首次标注了97个数字职业，占职业总数的6%。2023年，世界经济论坛预测，未来5年全球企业预计创造约6900万个新的工作岗位。增长最快的工作类型绝大多数由人工智能和数字化驱动。当前，我国现有数字人才数量型短缺、素质型短缺和结构型短缺问题突出。2023年，《产业数字人才研究与发展报告（2023）》指出我国数字人才总体缺口在2500万～3000万，且面临人才缺口持续扩大和供需不匹配的窘境。

劳动者工作方式深刻改变。一方面，数字经济的发展改变了组织形态与管理模式，工业时代的静态、线性、边界清晰的组织形态得以重构，企业边界被不断突破，网络和平台成为越来越重要的就业载体。平台经济、共享经济、"众包""众创"等数字经济新模式新业态的快速发展，催生了自主创业、自由职业、兼职就业等灵活就业新模式，为劳动者创造了更加广阔的就业空间。另一方面，数字技术还打破了劳动的时间和空间限制。劳动资料的数字化变革推动劳动展开的空间条件发生改变，传统工作可借远程办公、在线会议等手段得以在更多时空形态下展开，促进企业降本增效，更为不同群体提供了更加多元包容的工作和更多的劳动机会。同时，基于劳动场所的虚拟性和灵活性特征，数字经济的劳动时间也呈现出相应的分散性特征，劳动者可以根据自身情况弹性安排劳动时间，劳动时间由传统的强制性、连续性的聚合模式向自主化、碎片化的分散模式转变。人力资源和社会保障部发布的数据显示，我国灵活就业从业人员规模已经达到 2 亿人。《2023 数字生态青年就业创业发展报告》显示，由微信公众号、小程序、视频号、微信支付、企业微信等构成的数字生态催生就业岗位超过 5000 万个。

新就业形态劳动者范围不断扩大。从历史经验来看，机械化、电气化、信息化、数字化，无一不是一个释放人的劳动价值，帮助人向更高价值转移的过程。工业经济时代，机械的大规模使用使生产力克服了劳动生产过程中劳动者的体力限制，推动物质资料的生产过程与劳动过程部分分离。数字经济时代，传统机械和动力设备等劳动资料经过数字技术的改造和创新，生产过程自动化和生产工序体系化水平进一步提升，不仅替代了生产过程中劳动者的体力劳动，也替代了制订生产计划、生产控制等部分脑力劳动，更深层次地解放了人类劳动，极大提高了生产效率。以工业机器人为代表的智能装备在劳动过程中得到广泛应用，它们通过传感器，以及自动规划、内容理解等能力自动适应和敏捷处理多种工业场景中的复杂任务，促进生产的精细化、标准化、便捷化，也将人类逐渐从重复、枯燥的工作中解放出来，进而向复杂度更高、创造力更强的劳动方向发展，极大拓展了劳动者的内涵和外延。例如，生产线上的自动化机器人可以执行重复性任务和繁重的工作，使得生产过程更加高效、精准和快速。2022 年，我国工业机器人市场占据了全球市场的52%，连续 10 年成为全球最大市场。制造业机器人密度从 2015 年的 49 台 / 万名员工飙升至 2022 年的 392 台 / 万名员工，是全球平均水平的近2.6 倍。以"具身智能"为代表的通用人工智能与机器人融合技术已有少量应用试点。

（三）数字经济浪潮下的就业转型

1. 数字经济创造的就业规模不断扩大

近年来，随着新一代信息技术的进步、突破和广泛应用，数字经济已成为我国经济发展的关键驱动力之一，其发展不仅体现在规模的迅速扩张上，也体现在对就业市场的积极贡献方面。

一方面，数字产业化领域直接创造了大量就业岗位。例如，在电子信息制造业中，随着5G、人工智能、物联网等技术的发展，相关企业不断扩大生产规模，扩大了对研发、生产、销售等各类人才的需求。软件和信息技术服务业更是人才需求的大户，从软件开发工程师到数据分析师，从系统架构师到网络安全专家，各类专业技术人才都有广阔的就业空间。

另一方面，产业数字化进程加速也带动了传统产业的就业转型与升级。传统产业积极拥抱数字技术，进行数字化改造，催生出许多新的业务模式和工作岗位。例如，制造业中的智能制造领域，需要大量既懂制造工艺又掌握数字化技术的复合型人才，来操作和维护智能生产设备、优化生产流程；在农业领域，智慧农业的发展需要农业数据分析师、农业物联网技术人员等，以提高农业生产效率和质量。

2. 数字职业招聘规模及所占比重呈上升态势

随着数字经济的发展，数字职业招聘规模不断扩大，在整体招聘市场中所占的比重也在逐渐上升。2024年7月，人力资源社会保障部继2022年标识97个数字职业后，又公布了19个新职业，其中智能网联汽车测试员、工业互联网运维员、用户增长运营师等数字职业有9个，占据"半壁江山"。这些数字职业的涌现，反映了数字经济发展的人才需求的新变化和新趋势。

在互联网行业中，软件开发工程师、算法工程师、大数据工程师等专业人才需求持续旺盛。以软件开发为例，各类应用程序的不断推出和更新，需要大量的软件开发人员来实现功能的设计与开发。算法工程师在智能推荐系统等领域中发挥着关键作用，通过优化算法提高系统的性能和智能化程度。大数据工程师负责数据的采集、存储、处理和分析等，为企业决策提供有力的数据支持。

在金融行业中，对金融科技人才的需求日益增长。区块链开发工程师、智能风控专家、量化投资分析师等数字职业备受青睐。区块链技术在金融行业中的应用场景，如跨境支付、供应链金融等，需要专业的区块链开发工程师来构建和维护相关系统。智能风控专家利用大数据和人工智能技术，对金融风险进行精准评估和防控。量化投资分析师通过建立数学模型和算法，对金融市场进行数据分析，以及进行投资策略的制定和优化。

此外，在新兴的数字创意产业，如虚拟现实（VR）/增强现实（AR）设计、数字媒体艺术等领域中，也涌现出大量的数字职业需求。这些职业要求从业者具备将数字技术与创意设计相结合的能力，能够为用户带来沉浸式的体验和丰富多样的数字内容。

3. 数字经济从业领域逐渐拓展

数字经济的发展不断渗透社会生产、流通、分配及消费等各个环节，推动从业领域持续拓展。

在生产环节中，工业互联网的应用使得制造业的生产模式发生了深刻变革。通过物联网技术实现设备的互联互通，企业可以实时监控生产过程中的各项数据，提高生产效率和质量。例如，汽车制造企业利用工业互联网平台，对生产线上的设备进行远程监控和故障预警，及时调整生产计划，降低生产成本。同时，数字孪生技术在制造业中的应用也日益广泛，工程师可以通过数字孪生模型对产品进行设计、优化和测试，减少物理样机的制作，缩短产品研发周期。

在流通环节中，电子商务（电商）的蓬勃发展改变了传统的商品流通模式。电商平台的运营、物流配送的优化、供应链管理等都需要大量的数字经济人才。例如，电商平台的运营人员需要具备数据分析、市场推广、用户运营等多方面的能力，以提高电商平台的销售额和用户满意度。物流配送的优化则需要物流信息系统开发人员、智能仓储管理人员等，通过运用数字技术提高物流配送的效率和准确性。

在分配环节中，大数据和人工智能技术在人力资源管理中的应用越来越广泛。企业可以通过大数据分析员工的绩效、能力和潜力，进行更科学的人才选拔和薪酬分配。同时，数字化的招聘平台也为求职者和用人单位提供了更高效的匹配服务，提高了就业市场的人力资源配置效率。

在消费环节中，数字技术为消费者带来了更加便捷、个性化的消费体验。移动支付平台、共享经济平台等新平台的出现，催生了一批新的就业岗位。例如，移动支付平台的技术开发人员、运营维护人员确保了支付系统的安全稳定运行；共享经济平台需要大量的客服人员、市场推广人员等，以保障平台的正常运营和用户的良好体验。

4. 数字经济就业呈现的新特点

就业形式灵活多样。 平台就业模式成为重要模式，众多劳动者通过各类互联网平台实现了多种形式的灵活就业。例如，网约车司机借助出行平台接单，外卖骑手通过外卖平台进行订单配送，这种就业形式打破了传统就业的时空限制，劳动者可以根据自己的时间和能力灵活安排工作。远程办公、兼职等形式也日益普遍。一些数字经济企业允许员工远程办公，这不仅为员工节省了通勤时间和成本，还使企业能够吸纳更广泛地域的人才。兼职则满足了人们在主业之余增加收入或拓展职业领域的需求，例如，一些设计师、文案编辑等可以在业余时间通过网络平台承接项目。

对技能的要求不断变化。 一方面，数字技术的快速发展要求劳动者具备持续学习的能力。以软件开发领域为例，编程语言不断更新迭代，开发工具和框架也在持续变化，开发者需要不断学习新的技术和知识，才能适应行业的发展需求。另一方面，跨领域的综合技能愈发重要。例如，在数字营销领域中，从业者不仅要掌握市场营销的知识和技能，还需要了解数据分析、社交媒体运营等方面的内容，以便能够制定出更有效的营销策略。同时，具备创新思维和问题解决能力的劳动者在数字经济时代更具竞争力，能够在面对复杂的业务问题和不断变化的市场环境时，迅速提出具有创新性的解决方案。

区域发展差异明显。 数字经济发达的地区，如一线城市和部分新一线城市，数字经济就业机会更多，薪资水平也相对较高。这些地区拥有良好的数字基础设施、丰富的产业资源和大量的创新企业，吸引了众多数字经济人才聚集。例如，北京的中关村、深圳的南山科技园等，都是数字经济企业高度集中的区域，为求职者提供了大量的就业岗位。而在一些经济欠发达地区，数字经济发展相对滞后，就业机会和薪资待遇与发达地区相比存在较大差距。但这些地区也在积极加大数字经济的发展力度，通过加强数字基础设施建设、引进数字经济企业等方式，逐步缩小与发达地区之间的差距，努力创造更多的数字经济就业机会。

动力篇

3

▷ 第七章
数字经济推动技术创新方式变革

（一）技术创新突破是新质生产力内生动力

从人类发展历史进程来看，创新往往是生产力跃迁的先导力量。 纵观人类发展历史，创新始终是一个国家、一个民族发展的重要力量，也始终是推动人类社会进步的重要力量。马克思认为，技术作为一种渗透性的生产要素，通过提高劳动者的能力、促进资本积累及改进劳动资料特别是生产工具，把巨大的自然力和自然科学并入生产过程，使生产过程科学化，进而对提高生产力、促进经济发展起到巨大的促进作用。创新驱动新质生产力跃迁的底层逻辑是人类知识累积并裂变式爆发的结果。

从我国各发展阶段来看，经济发展正在从要素驱动、投资驱动向创新驱动转变。 1990年，迈克尔·波特于《国家竞争优势》中指出，创新驱动发展阶段是继要素驱动发展阶段、投资驱动发展阶段后的经济发展阶段。**要素驱动** 是指主要依靠土地、资源、劳动力等生产要素的投入，获取经济发展动力。受自然资源有限性等的制约，单纯依靠这种发展动力实现经济增长，往往会产生环境污染和生态破坏等问题。**投资驱动** 指的是依靠持续的高投资和高资本积累，获取经济社会发展的强大动力。实践表明，高投资和高资本积累不可能永远维持下去，在经济社会发展到较高阶段之后，这种投资驱动发展模式难以为继。**创新驱动**是指经济增长主要依靠科学技术的创新，通过技术变革提高生产要素的投入产出率，从而实现集约型经济增长方式，合理有效地推进经济社会持续健康发展。当前，我国经济总量稳居世界第二位，但经济与社会发展不平衡不充分的问题仍然较为突出。

当前，创新在生产力形成过程中的核心驱动地位不断加强。党的十八大作出了实施创新驱动发展战略的重大部署，强调科技创新是提高社会生产力和综合国力的战略支撑，必须摆在国家发展全局的核心位置。我国经济已由高速增长阶段转向高质量发展阶段，解决发展中面临的不平衡不充分问题，正处在转变发展方式、优化经济结构、转换增长动力的攻关期，全面提升经济发展的质量和效益，需要从更多依靠产业要素的外延式增长转向更多依靠创新驱动的内涵型增长。以往，我国是依靠创新驱动、更多发挥先发优势的引领性发展，当前我国经济高质量发展比过去任何时候都更加需要科学技术解决方案、需要增强创新这个第一动力。随着创新的核心驱动地位不断加强，其在生产力形成的过程中也突破性地从引领发展的"先锋队"，提升为起主导作用的"主力军"。习近平总书记指出，"科技创新能够催生新产业、新模式、新动能，是发展新质生产力的核心要素"。近年来，我国创新能力提升速度较快，创新发展新动能加速聚集，为推动高质量发展提供了强大动力。我国全社会研发经费投入从 2012 年的 1.03 万亿元增长到 2023 年的 3.3 万亿元，研发经费投入强度从 1.91% 增至 2.64%。基础研究能力不断增强，国家重点研发计划、国家自然科学基金等持续支持原始创新，2023 年基础研究经费达 2212 亿元，占全社会研发经费投入比重的 6.65%。重大科技基础设施和创新基地加快布局，国家科学数据中心、生物种质和实验材料资源库、北京空间环境国家野外科学观测研究站等的条件逐步完善，构建了相对完备的基础条件平台，有力支撑了科学前沿探索和重大科技攻关。

按购买力平价计算，我国各要素对经济增长的贡献比例如图 7-1 所示，1978—1989 年，资本投入对经济增长的贡献率（资本贡献率）达 33.60%，劳动投入对经济增长的贡献率（劳动贡献率）达 34.01%，全要素生产率（TFP）贡献率为 32.39%，经济增长以改革开放释放劳动价值红利为牵引。1990—2003 年，资本贡献率达 62.93%，劳动贡献率为 24.05%，TFP 贡献率为 13.02%，以融入全球化进程为契机，资本加速投入为经济增长的绝对主导。2004—2012 年，资本增长贡献率达 53.20%，劳动贡献率为 23.68%，TFP 贡献率为 23.12%，经济增长仍以资本驱动为主，但科学发展观促进经济增长方式逐步改变，TFP 贡献率逐步恢复。2013—2017 年，资本贡献率为 43.25%，劳动贡献率为 20.83%，TFP 贡献率为 35.92%，创新引领逐渐成为经济发展趋势。2018 年至今，资本贡献率进一步调整为 37.85%，劳动贡献率下降至 19.51%，TFP 贡献率达 42.64%，创新主导经济增长模式逐步形成，新质生产力加快发展。

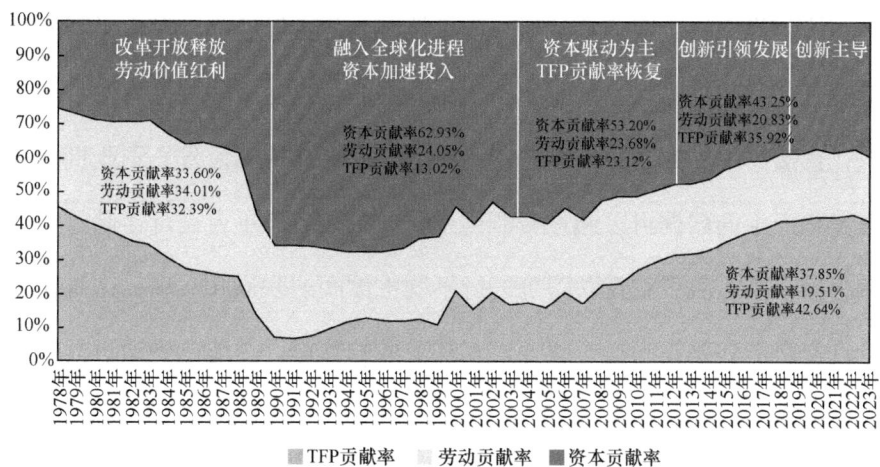

图 7-1　我国各要素对经济增长的贡献比例

来源：中国信息通信研究院

（二）数字经济驱动技术创新方式变革机理

历次技术革命都带来了社会生产力的大解放与生活水平的大跃升。数字经济通过重构和优化技术创新方式，强化创新协同效应，提升创新体系整体效能，推进技术创新向更大规模、更高效率、更强协同的新范式演进。

数字经济加速颠覆性技术涌现。传统创新模式高度依赖于科学家或工程师的个体经验和知识储备，颠覆性技术涌现速度缓慢。颠覆性技术涌现具有高度偶然性和不确定性，无法通过总结以往经验找到固定规律来加以创造。熊彼特在早期研究中特别强调了个人意志和企业家精神在创新过程中的重要作用。20 世纪 70 年代，英国苏塞克斯大学科学政策研究中心（SPRU）在萨福（SAPPHO）创新研究项目中发现，绝大部分创新研究都来自科学家、发明家或管理者个人。**数字经济下，**基于数字技术的迅速反馈能力及可编辑性、可扩展性，颠覆性技术加速涌现。以人

67

工智能为代表的数字技术是新一轮科技革命的主导技术，形成了智能传感设备、工业机器人、智能化系统、云服务、工业互联网等新型劳动资料，直接作用于数据这一新型劳动对象。由智能传感设备、工业机器人收集和产生的数据可以通过智能化系统、云服务等平台进行存储、处理和分析，再经由工业互联网等进行不同主体间的联通和共享。这些新型劳动资料能够采集人类无法通过感知获取的数据，并能在极短时间内完成过去需要花费数星期、数年的时间才能完成甚至无法完成的数据计算，突破时间和空间的限制，汇聚超越个人生命周期的、全球的创新资源。通过利用数字技术，企业等创新主体快速抓取用户的真实需求，打通产品设计、产品生产、产品销售、产品售后服务和产品创新等产品全生命周期各环节，打造数据主线，以数据为驱动持续地调整和修正创新活动，使得创新从偶发性或者长周期转为多次优化迭代，通过快速试错实现技术创新与市场洞见相结合，驱动产品形态、功能和性能的优化创新，指数级提升颠覆性技术的涌现概率。

科学研究经历了经验、理论、计算等科学范式，加速向大数据和"人类＋人工智能"科学范式转变。 通过"大数据＋大计算＋大模型"，当前正在形成人工智能驱动的科学研究（AI FOR SCIENCE，AI4S）新范式，有助于加快科学发展速度，推动多领域应用实践，提高科学研究的速度和准确性，扩大科学研究领域。科学家逐渐借助 AI 技术进行大规模科学计算，自动化实验室、无人实验室、机器人科学家等增多。例如，DeepMind 推出的 AlphaFold2 解决了蛋白结构解析高复杂度的问题，为解决新药研发中的难题作出贡献。又如，华为盘古药物分子大模型提升了医药研发效率。

专栏1 大模型显著提升药物研发效率

案例1：华为盘古大模型通过对17亿个药物分子的化学结构的预训练，将预测新药药性的准确率较传统方法提高了20%。在华为盘古大模型的辅助下，西安交通大学第一附属医院超级抗菌药（Drug X）的研发进入临床阶段，其研发周期从数年缩短至数月，研发成本降低70%以上，打破了医药界的"双十定律"（一款新药从启动研发到上市至少需10年时间、10亿美元成本），帮助解决超级耐药菌进化速度快，新类别、新靶点抗生素难以及时匹配的问题。

案例2：英矽智能科技基于"数据+AI"驱动的药物分子结构快速设计与筛选，大幅提升药物研发效率，所构建的基因组学、蛋白质组学、临床数据等数据集用于训练AI模型。经过训练的AI模型能够自主生成新的药物分子结构，通过算法推演对海量的方案进行筛选，新药研发效率提升10倍。

数字经济时代，创新合作的边际成本不断下降，从线性创新转向非线性创新。通过数字技术，人才、资本、知识等创新要素集成、分发、流动带来的边际成本迅速降低，活动速度加快。不同市场主体之间的合作障碍减少，从基础研究到技术研发，再到产业化应用的技术驱动的线性创新，转为技术与市场交互作用，形成新的创新资源组织模式，创新由线性创新走向各种主体之间交流互动的非线性创新。例如，制药企业辉瑞开发了"辉瑞全球供应——数字化运营中心项目"，通过该中心，共享数字技术和数据，辉瑞与其全球各地研发中心、供应商及德国生物新技术公司（BioNTech）实现并行研发，优化了传统线性研发路线，极大缩减了研发周期。海尔卡奥斯COSMOPlat工业互联网平台跨地区、跨领域集聚400余名研发人员，吸引8000余家企业入驻，打造了通过数据进行在线交互、分享的一站式高效创新模式。

随着互联网的广泛普及，无数个体将分布式的价值创造活动聚集到网络空间中，从封闭式创新转向开放式创新。大量的开放式创新平台、开源社区、开放实验室等衍生而出，众创、众包、众扶现象层出不穷。一是大量的垂直行业积极采取开放式创新模式，吸纳不同技能、不同场景的技术供给方。例如，通用电气公司（GE）的航空航天部门面向全球征集航空发动机悬挂件设计方案，3周内收到近700项设计方案，来自印尼的设计师在保证强度的同时，使悬挂件重量减轻了84%。又如，百度Apollo自动驾驶生态系统、特斯拉能源生态系统等，促使整个产业创新生态更加活跃。大企业、中小微企业及个人交叉合作，加快了产业创新速度和增加了创新广度，逐步将基于产业链的中心化、层级式、规模化的分工与集聚模式，转变为基于网络的分布式、协同化、定制化的资源共享与生产服务协同模式。二是用户身份从消费者向创新参与者转变。如海尔推出"众创汇"定制平台，通过专属定制、模块定制、众创定制3种定制模式，"众创汇"平台让用户从产品购买者变身为产品设计者，每年可汇聚用户有效创意过万，建立起用户、设计师、全球资源零距离交互设计的全新模式。

专栏2　自动驾驶领域开放式创新

百度在 2017 年正式推出了 Apollo 计划，打造包括高精度地图、定位与感知、规划与控制、仿真测试开放数据等一系列核心技术和服务在内的创新自动驾驶生态系统。

Apollo 平台吸引了全球范围内的上百家合作伙伴，涵盖了汽车制造商、技术公司、研究机构等。这些合作伙伴共同构建了一个庞大而多样化的生态系统，为自动驾驶技术的研发、测试和应用提供了丰富的资源和强大的支持，帮助百度整合全球各界合作伙伴的创新成果，强化了其在人工智能、大数据、云计算等领域中的技术优势。

数字经济提升创新整体效能。传统的技术创新从基础研究到实验验证、产品研发往往呈现过程复杂、周期长、费用高、风险大的特点，对于中小企业和初创企业而言投资门槛较高。数字经济带来创新方式变革，大幅缩短了新技术、新产品从研发到量产的周期，提升技术创新收益，吸引更多私营部门参与创新。**一方面，显著降低技术创新成本。**数字技术的应用大大减少了研发过程中反复试验、调整所需的劳动时间、场地空间和材料消耗。例如，模拟仿真、数字孪生等技术将物理的生产过程转化为数字化的参数，高效、高精度地对大量的参数组合进行测试和修改直至参数最优；3D 打印技术能够帮助设计师打造定制样品模型，并进行检验验证。**另一方面，大幅提升技术突破概率和收益规模。**借助数字技术快速识别市场需求，降低创新主体投资风险。具体而言，大数据、云计算等技术作用于动态的生产数据和市场信息，帮助企业更好识别市场需求，预测技术趋势并及时调整创新方案和方法，减少研发过程中的盲目性和不确定性。同时，数字经济进一步强化创新的先发者优势，带来更大的潜在市场空间和更高的商业价值。由于数字技术能够广泛赋能各行各业并触及全球市场，早期进入市场的创新主体往往可以快速建立庞大的用户基础和清晰的品牌认知，率先占据市场的核心优势点位使得后来者难以竞争。此外，数字经济的创新迭代效益呈"复利"增长。数字技术的创新与数据资源的应用具有相互促进、循环迭代的乘数作用。数字技术大幅提高数据的采集、处理和分析效率，同时收集和产生的更多数据可以用于模型训练、技术升级，每一次创新突破都伴随着更大经济效益的创造。

（三）我国产业科技创新能力稳步提高

近年来，我国科技创新能力稳步提高，具备了加快发展新质生产力的基础条件。自主创新能力持续提高，如规模以上工业企业的技术获取结构已经发生了转变，2002 年国外技术获取（引进国外技术）经费支出是国内技术获取（购买国内技术）经费支出的近 10 倍，到 2021 年，国内技术获取经费支出已经是国外技术获取经费支出的近 2 倍。

我国关键核心技术攻关取得突破。信息技术产业实现从"跟随模仿"到"引领创新"。移动通信技术实现从"3G 突破""4G 同步"到"5G 引领"的跨越发展，我国 5G 标准必要专利声明量全球占比达 42%，5G 基站设备出货量全球占比超 50%，光通信设备等全球市场份额超 40%。6G、量子通信、区块链等前沿技术研发处于全球第一阵营。人工智能、智能网联汽车、卫星导航、量子信息等领域创新成果不断涌现。人工智能领域在应用算法、智能传感等关键技术上取得局部突破，我国图像识别、语音识别等人工智能领域走在全球前列。在智能网联汽车领域中，新一代电子电气架构、大算力计算芯片等实现了装车应用。北斗卫星导航系统实现全球组网运行。在量子通信领域中，我国也走在世界前列，我国是最早实现量子通信的国家之一。欧拉服务器操作系统技术成熟度不断提升。载人航天、探月探火、深海深地探测、航空母舰、大飞机、航空发动机和燃气轮机、高速动车组、大型邮轮、高端医疗装备、能源装备、大型掘进装备等领域取得一批重大标志性成果。"蛟龙"深潜、"嫦娥"探月、"羲和"探日，云计算、人工智能、大数据等数字技术发挥积极作用，C919 大型客机交付客户，载人航天创造多个"首次"。一些前沿领域开始进入并跑、领跑阶段，我国科技实力正在从量的积累迈向质的飞跃、从点的突破迈向系统能力提升。

技术创新活力持续提升。2022 年，我国全社会研发投入强度从 2.1% 提高到 2.5% 以上，科技进步贡献率提高到 60% 以上，我国创新支撑发展能力不断增强。创新型企业成为研发投入的重要力量，2022 年我国市值排名前 100 的互联网企业总研发投入达 3384 亿元，同比增长 9.1%。全年授予专利权 432.3 万件，数字经济核心产业发明专利授权量达 33.5 万件。截至 2023 年年末，国家科技成果转化引导基金累计设立 36 支子基金，资金总规模达 624 亿元。2023 年，全年共签订技术合同 95 万项，技术合同成交金额达 61476 亿元，比上年增长 28.6%。数字技术与实体经济加速融合，5G 行业应用已融入 60 个国民经济大类，加速向工业、医疗、教育、交通等重点领域拓展深化，应用案例数超 5 万个。

创新创造生态不断改善。我国已成为创新型国家，产业创新生态总体框架基本确立，产业政策体系和保护创新的法律制度不断完善。各类市场主体联动协同、各类要素有效支撑、产业链上下游相互协同、大中小企业融通发展的产业创新生态系统加速形成。截至 2024 年 10 月，累计培育专精特新中小企业 14.1 万家、专精特新"小巨人"企业 1.46 万家。根据《2023 年全球创新指数报告》，我国进入全球前 100 名的科技集群总量达到 24 个，首次与美国并列第一。我国全球创新指数排名从 2012 年的第 34 位跃升至 2024 年的第 11 位，位居中高收入经济体首位、东南亚／东亚／大洋洲地区第 3 位，超过日本、以色列、加拿大等发达经济体。根据《2024 年全球创新指数报告》，我国拥有的全球百强科技创新集群总量达到 26 个，连续两年位居世界第一；科技进步贡献率从 52.2% 提升到 60%。

（四）推动数字技术产业创新发展建议

加快关键核心数字技术攻关。保持战略定力，不求"毕其功于一役"，须久久为功，做好中长期布局。**在短板领域，要着力增强自主供给能力。**集成电路补齐制造工艺、装备、材料方面的短板，协同推进国产芯片技术攻关；软件突破三维模型生成、工业机理与数据融合建模、实时建模仿真等工业软件技术；人工智能突破自主可控高端算力，打造高质量数据集，尽快具备关键核心技术和产品的自主供给或国产替代能力。**在优势领域，要着力打造反制互慑能力**。以 IPv6 规模部署为起点、以 5G 为核心、以光器件和光芯片为突破口，在新一代移动通信、数据通信、光通信等领域的重要环节上拥有技术标准和产业发展的国际主导权、话语权，实现知识产权互换、形成产业互慑。**在前沿领域，要着力提升技术引领能力**。推动未来网络、量子通信、先进计算、卫星互联网等技术创新突破及产业化应用，完成一批有国际影响力的标准建设任务。强化工业互联网、物联网、车联网等关键基础技术创新突破，推进行业应用，并在优势行业形成创新引领能力。

提升数字产业化发展水平。数字经济核心产业是支撑数字经济发展的基础性、战略性和先导性产业，对推动生产方式、生活方式和治理方式的深刻变革具有重要意义。近年来，随着数字经济核心产业规模的壮大，其对经济社会发展的支撑引领作用日益凸显。**一方面，要优化升级数字基础设施**。继续加强网络基础设施建设，推进 5G、千兆光网、移动物联网、IPv6 等规模部署，保持网络设施全球领先。加快工业互联网体系化发展，推进"5G＋工业互联网"专网建设，扩大工业感知网络覆盖范围，巩固提升工业互联网发展水平。加快布局算力基础设施，深化云网融合、算网融合，探索推进算力互联互通和算力互联网发展，汇聚形成全国算力"一张网"。**另一方面，要激发市场主体活力**。支持平台企业在促进创新、增加就业、国际竞争中大显身手。在通信设备、智能终端等领域培育一批具有产业链控制力的生态主导型企业。大力发展有专长、能生产关键设备和材料的专精特新中小企业，使专精特新企业快速发展起来，成为数字经济核心竞争力。促进人工智能、电子元器件、工业机器人、智能网联汽车等数字经济核心产业集群化发展，打造具有国际竞争力的数字产业集群。

强化企业科技创新主体地位。一是推动各类创新要素向企业集聚，进一步壮大科技型领军企业、高新技术企业、制造业"单项冠军"企业、科技和创新型中小企业等各类创新主体。**二是**支持专精特新企业在重大科技专项、重大技术装备创新发展工程等国家级科技计划任务中"挑大梁"，加快向技术含量高、有海外有同族专利权且处于产业关键环节的高价值发明专利布局，强化自主知识产权和提升替代接续能力。**三是**依托"工业质量提升和品牌建设"工作，鼓励专精特新企业积极参与国内外行业标准及规范制定工作，申请发达国家和地区权威机构认证。

加快技术创新、培育产业生态与模式创新一体化推动。一是鼓励技术创新，推动国产软硬件协同适配。针对国产关键软件栈与异构计算框架重点布局，持续完善优化算子库适配性能，通过软硬件协同适配弥补硬件方面的差距，确保软硬件系统整体效能达到最优。推动我国基础软硬件协同创新发展，为基于自有能力、自有生态的商业模式创新拓展打下基础。**二是**培育产业生态，推动大模型软件服务业发展。强化企业在先进适用技术应用中的主体作用，加强产业链上下游紧密配合与协同攻关，依托产业联盟释放"政产学研金服用"多方主体合力，推动研发成果直接应用于市场。积极培育以模型即服务（MaaS）为代表的大模型产业新业态，加快构建大模型平台化发展新生态。积极推动大模型开发部署工具链创新，降低大模型训练推理开发使用门槛。大模型训练侧积极探索算力共享新机制，通过集约化建设、云服务模式统筹满足不同企业智算需求；大模型推理侧做好云边协同，有效降低模型部署及推理成本。三是积极培育以模型即服务（MaaS）为代表的大模型产业新业态，加快构建大模型平台化发展新生态。积极推动大模型开发部署工具链创新，降低训练推理开发使用门槛。训练侧积极探索算力共享新机制，通过集约化建设、云服务模式统筹满足不同企业智算需求；推理侧做好云边协同，有效降低模型部署及推理成本。

加快先进适用技术应用推广，拓展商业模式。一是面向重点应用场景需求，加强关键核心技术攻关，有针对性地引导取得阶段性突破的关键核心技术及共性技术的应用方向，加快示范应用。充分发挥我国市场空间大、应用场景多的优势，分行业、分产业构建先进适用技术应用推广体系。**二是**加速大模型等典型应用落地，拓展商业模式。提升面向大模型的数据治理效能，强化垂直行业私域数据的高质量开发利用、隐私保护和交易流通，打破数据孤岛，充分释放数据促进经济社会发展的强劲动能。加快应用场景创新，强化应用场景牵引，围绕智能经济、智能社会、科研活动、重大工程等遴选一批适合大模型落地应用的重大场景，促进人工智能关键技术和平台优化升级，全面加速新型工业化赋能进程。**三是**加强央地协同和地区间协作，鼓励地方政府基于资源禀赋与产业基础，选取细分领域打造核心竞争优势，避免"一哄而上"，实现错峰发展。

推动"科技 – 产业 – 金融"良性循环。一是深入推进全面创新改革，抓好科技成果转化改革等专项试点。构建从基础研究、技术应用、产品研发到工程化、产业化的创新链，促进"产学研用"深度融合。**二是**激

77

发高校院所科技成果转化活力。探索国家实验室、全国重点实验室与企业合作创新机制，积极推进高校、科研机构职务科技成果赋权改革试点，鼓励高校、科研机构改革探索，加快形成可复制经验。**三是**推动产业链上下游、大中小企业融通发展、协同创新，形成利益共享、风险共担的合作机制。强化科技成果转化企业需求侧拉动，建设产学研协同、大中小企业融通的创新共同体，激发企业开展科技成果转化的创新活力，构建开放融通的创新生态，促进科技创新成果向现实生产力的转化。

▷ 第八章
数字经济推动生产要素配置优化

（一）数字经济推动生产要素配置优化理论路径

生产要素是一个动态发展的历史范畴，随着社会生产力的发展，生产要素的内涵和外延也在动态变化。企业通过优化生产要素配置，以有限的资源实现利润最大化。数字经济形态下，数据成为新的生产要素，生产要素相互替代的能力得到提升，企业在配置生产资源时得到了更多的决策变量、更多的可行方案及更灵活的方案调整能力，为发展新质生产力打造物质基础。

1. 数字经济提高生产要素有效产能

首次提出将数据作为生产要素是我国实现的重大理论创新。数据打破了劳动力、资本、土地等传统生产要素所具有的竞争性和边际效应递减的基本限制，可以在传统生产要素的基础上，为企业扩展生产可能性边界，开辟新的成长空间和成长路径，如图 8-1 所示。

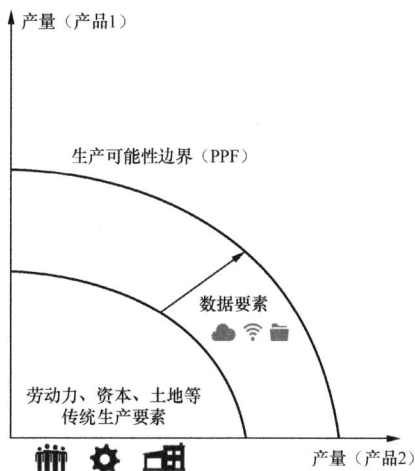

来源：中国信息通信研究院

图 8-1　数据要素扩展生产可能性边界

通过投入数据要素提升总产能。数据要素投入与生产产量之间存在正相关关系，在传统的劳动力、资本、土地生产要素投入不变的情况下，投入数据要素，可以扩展企业生产可能性边界。**一方面**，数据要素为企业开辟了新的生产领域。企业可以生产数字化产品，包括软件及应用程序、虚拟商品及服务、媒体数字内容等，以及智能化设备，包括智能家居设备、可穿戴设备、增强现实和虚拟现实产品等。**另一方面**，数据要素赋能企业根据传统生产要素的异质性特点优化分工。**劳动力方面**，数据要素可以帮助企业优化人岗匹配。企业如果仅基于学历、工龄等简单指标分配同质性的工作给异质性的劳动个体，往往不能够有效发挥个体优势。更多的生产、销售、人力资源数据可以帮助企业细化工作内容，企业根据员工的能力和特点为员工分配高度匹配的工作，提高单位工作时间的产能。**资本方面**，数据要素可以用于有针对性地制定设备维护方案。传统的设备维护定期以广泛覆盖的方式进行，难以保障各产线设备实时处于最优化运行状态，而数据要素所包含的设备温度、噪声、振动频率等参数可以帮助企业更精准地对具体设备的状况进行判断，预先维护需要检修的设备，降低停产风险，提升单位资本投入的产能。

通过投入额外的数据要素实现更高边际收益。一定范围内，数据要素投入产出模式不遵循传统生产要素的边际收益递减规律，投入更多的数据要素可以带动企业生产可能性边界加速扩展。**一是**数据要素在一定范围内具有非稀缺性特点。数据可以由多个过程同时使用或跨时空使用，其价值并不会随着使用量的增加而减少，某一条生产线使用数据也不会阻断其他生产线使用数据，因此不适用传统生产要素的额外投入利用效率降低的规律。**二是**数据要素受益于规模经济。企业的决策更多集中于前期是否进行一次性投入，包括设立用于数据获取、存储、处理的基础设施及培训相应的技术人员。一旦企业具备了将数据要素应用于生产的基础，更多数据要素投入边际成本很低，企业较少受到预算约束的限制，有能力持续投入更多数据要素。**三是**数据要素呈现正向网络效应。企业增加数据要素投入时，使用中的数据要素价值进一步增加。在更大的数据集上训练模型能够提升智能系统的模型适配能力和预测精准度；在更多数据源的基础上，通过整合分析互补的数据集，企业也可以发现新的模式来优化生产配置，从而提升数据要素的边际收益。

2. 数字经济加强生产要素可替代性

在工业经济模式下，劳动力、资本和土地等传统生产要素的投入组合受限于特定的配比，不同互补性假设下的企业等产量曲线如图 8-2 所示。在数字经济模式下，生产要素的可替代性大大提高，企业等产量曲线从完全互补形态向完全替代形态方向移动，这意味着企业可以采取更低成本的生产要素组合方案来满足相同的生产需求，也可以

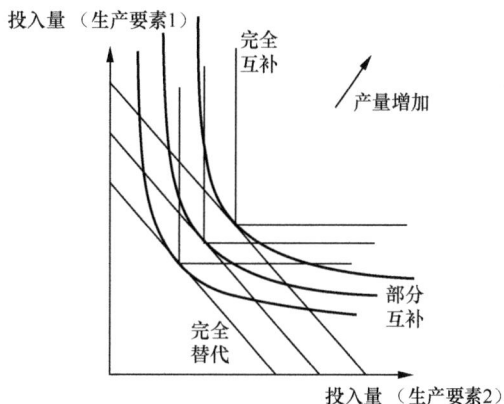

来源：中国信息通信研究院

图 8-2 不同互补性假设下的企业等产量曲线

在相同成本约束下进一步优化生产要素组合方案，提高产量。

综上所述，在数字经济作用下，生产要素的可替代性提高，企业实现同等产量所需的成本降低。传统生产方式中，不同生产要素的可替代性较低，制造业中大量产品的组装、检测和包装工作只能由人力完成，而复杂的计算和模拟、高精度的制造只能由机器设备在"黑箱"中完成。数字经济形态下，生产要素的可替代性大大提高。借助数字技术，工业机器人、自动化软件等设施设备在制造流程中可以实现物料运输自动化，将员工从重复性和危险性的运输工作中解放出来；借助云计算、人工智能等技术，机器设备复杂计算的"黑箱"被打开，劳动者可以通过自然语言实时操作和调整设备使其运行。从企业最优化问题来看，在生产要素完全不可替代时，列昂惕夫（Leontief）生产函数即完全互补生产函数描述了生产要素需要以固定的比例投入，当一种生产要素的数量不能变动时，其他生产要素的数量再多，也不能增加产量。与之相对的，在完全替代生产函数的描述中，投入生产要素可以相互完全替代，企业可以选择价格较低的生产要素，以最低成本完成全部生产。通常情形下，生产函数的形式介于二者之间，生产要素的可替代性提高时，生产函数的形式向完全替代生产函数靠拢，企业在给定产量要求下可以选择更多的较低价格的生产要素来替代高价格生产要素，生产成本向全部使用低价格生产要素的理论最低成本靠拢，如图 8-3 所示。例如，数字经济形态下，较低价格的数据要素一定程度上可以替代较高价格的土地要素，可以从线下移至线上进行的商品交易越多，企业面临的成本就越低。

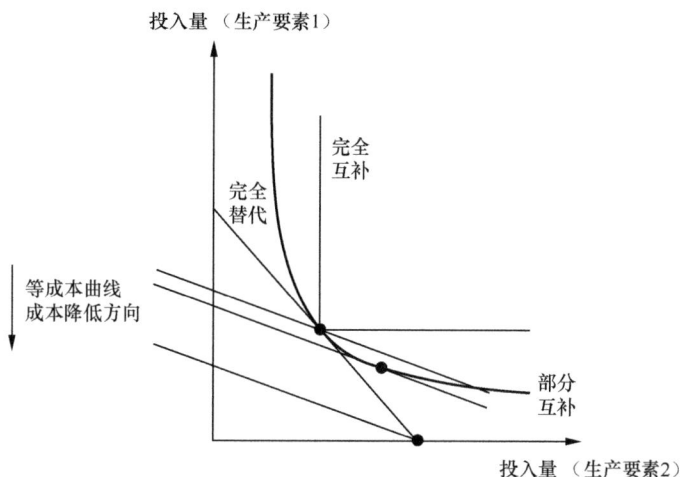

投入量 （生产要素1）

完全
互补

完全
替代

等成本曲线
成本降低方向

部分
互补

投入量 （生产要素2）

来源：中国信息通信研究院

图 8-3　生产要素可替代性提升实现同等产量所需成本降低

数字经济形态下生产要素配置更灵活，企业可以在同等预算约束下实现更多生产。在有限成本内，企业基于给定生产要素价格可以进行的生产要素配置组合有限（如图 8-4 阴影部分所示），根据不同生产方式中生产要素可替代性的不同，企业能够实现的最大产量也不同。投入生产要素不具有可替代性时，企业可以实现的最大生产将受到类似于"每生产一匹布固定需要一台设备和两个工人"的生产规则约束。数字经济形态下，投入生产要素的可替代性大大提高。例如，生产两匹布可以由一个工人通过数控系统操作两台设备实现，那么在同样的成本投入下，企业可以通过调整生产要素配置实现更高产量。假设在这个例子中，资本和劳动力价格相等，那么原本用于租赁 100 台设备、雇佣 200 名工人的成本只能用于生产 100 匹布，在数字经济形态下就可以调整为租赁 150 台设备，雇佣 150 名工人（其中 50 名工人通过数控系统操作 100 台设备，

100 名工人按照传统方法操作 50 台设备）实现同等成本下产量大幅提升至 150 匹布。在不同生产要素成本不同时，企业也可以通过配置更多低成本生产要素来更多实现产量的提升。

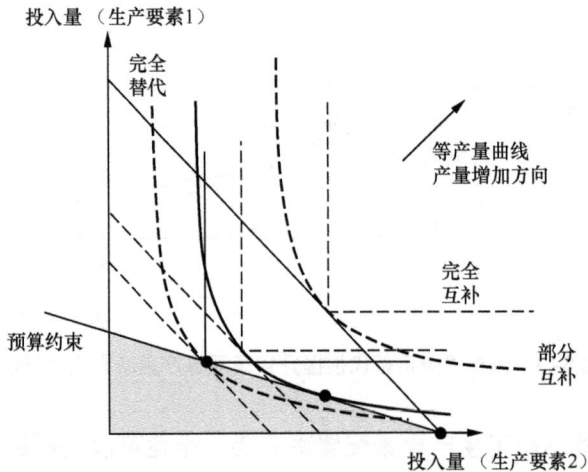

来源：中国信息通信研究院

图 8-4　生产要素可替代性提升同等成本下可实现的产量提升

3. 数字经济减少生产要素配置摩擦

生产要素配置改变时企业面临一定程度的内部和外部摩擦，生产流程、采购台账等都需要花费成本进行适配，生产要素市场的信息不对称也影响着企业决策。数字经济形态下，企业生产灵活性提升，市场信息透明度提高，生产要素配置摩擦大大减少。在市场机制更充分的作用下，生产要素资源得到更有效的配置和利用。

数字经济降低企业生产要素配置调整成本。数字经济形态下，数据要素和数字技术推动着生产流程和人员培训向数字化、智能化演进，能够基于生产过程中的状态信息和不断变化的市场环境，使用最优化算法帮助企业灵活调整生产方案，实现高效的生产线调度。**资本方面，**数字经济降低了生产线适配成本和不可预见成本。大数据、云服务、数字孪生等技术可以整合生产各环节数据，帮助企业智能规划全生产线适配的生产要素投入，大大降低生产线各环节之间的管理和沟通成本。同时企业能够预先进行高精度的多方案模拟，对调整的影响和风险作出评估，降低计划反复修改产生的成本。例如，宝马汽车基于英伟达 Omniverse 平台开发了"数字孪生"版本的汽车工厂，它可以实时反映并模拟物理世界变化。物流和生产规划人员能够通过虚拟方式联机解决工厂更新问题，工厂的设计、建造和测试也可以通过在虚拟世界中预先优化来降低风险，确保成功。**劳动方面，**数字经济降低员工培训成本。生成式人工智能等数字技术的应用可以简化员工操作流程，降低员工在不同任务之间切换面临的技术门槛和所需的培训成本。例如，德国舍弗勒集团与西门子合作制定数字化车间解决方案，开发了人工智能助手"西门子 Industrial Copilot"，它可以基于设备操作人员简单的口语指令创建复杂的生产流程编程代码，显著简化了设备操作人员的工作。

数字经济减少生产要素市场信息不对称。在劳动力要素市场中，企业面临劳动力市场里的搜索和匹配；在资产要素市场中，上下游企业的部件适配和价格磋商等问题，导致生产要素难以在市场机制下实现最优配置。在一般均衡状态下，生产要素价格由市场出清决定，在供需双方不能完全获知市场信息时，市场出清存在摩擦，成交价格下资源并未实现最佳利用，存在无谓损失。数字经济形态下，数据共享、流通、应用步伐加快，平台经济、工业互联网、数据空间等应用能够实时捕捉和整合海量市场数据，为参与者提供前所未有的信息透明度，显著提升市场效率。在劳动力要素市场中，在线招聘平台使用智能推荐算法精确匹配雇主和求职者，大大减少了双方的搜寻成本；在资本要素市场中，上下游企业数据的流通共享提高了供应链合作效率，如欧盟推出的Catena-X汽车行业数据空间引入产品数据护照并构建开放的供应商网络，使得汽车价值链中的参与者可以使用统一的数据和信息流标准实现透明的数据交换，优化产品匹配和交付流程，显著减少交易摩擦。

（二）生产要素配置优化形成新质生产力物质基础

1. 生产要素结构动态升级形成新质生产力

生产要素结构动态升级，推动由传统资源、劳动力及资本等传统生产要素驱动的传统生产力转向由数据、新技术、人才等新型生产要素驱动的新质生产力。

生产要素量质齐升。一方面，生产要素禀赋结构优化。我国经济发展的比较优势加速从劳动密集型向资本和技术密集型转变，为形成新发展优势提供了有利条件。我国劳动力全球占比由2010年的24.7%降至2024年的21.4%，而我国资本要素全球占比由2010年的20.8%升至2023年的28.0%，成为我国最富裕要素。**另一方面，生产要素质量提高。**劳动力素质提高，2010—2023年，我国新增劳动力平均受教育年限从12.7年上升到14年，"人才红利"逐渐取代"人口红利"，高素质的新型劳动者往往具有较强的创新能力和创新意识，掌握种类更多的知识和技能，并依托新技术迅速将新知识转化为高质量生产力。资本丰裕度明显改善。2010—2023 年，资本形成总额由 19.2 万亿元上升至 53.04 万亿元，高质量的资本要素优化社会资源投向，实现资源有效配置，推动经济发展。技术研发投入和产出快速增长，自主创新能力跃升，2010—2023 年，研发支出由 7063 亿元提高至 33357.1 亿元。

生产要素融合拓展生产可能性边界。机器大工业时代，资本大量投入，通过积累资本进行大规模生产，降低产品价格，刺激消费需求，从而扩大市场规模，扩展生产可能性边界。数字经济时代，土地、劳动力、资本、技术、数据融合应用，改变生产方式和生产流程，使生产、制造、经营过程实现自动化、规范化、智能化，提高生产要素投入效率，扩大生产规模，扩展生产可能性边界。生产要素融合推动土地要素突破物理空间限制，降低生产对土地的需求，优化生产制造流程。例如，在数字孪生医院中，利用虚拟现实技术可以构建逼真的医疗设备和手术操作场景，帮助医生进行手术演练和培训。生产要素融合赋能劳动力要素转型升级，催生新的劳动主体，实现生产流程优化。例如，智能机器人可以实现物料运输的自动化，提升内部物流速度，将员工从重复性和危险性的运输工作中解放出来，提高生产力。生产要素融合赋予资本要素新内涵，使资本要素在生产流通过程中更安全和高效率。

2. 生产要素帕累托改进提升新质生产力

生产要素帕累托改进是指通过改善生产要素配置方式，在不降低任一经济主体利益的同时，提高整体经济的公平性与效率，发展新质生产力，如图 8-5 所示。

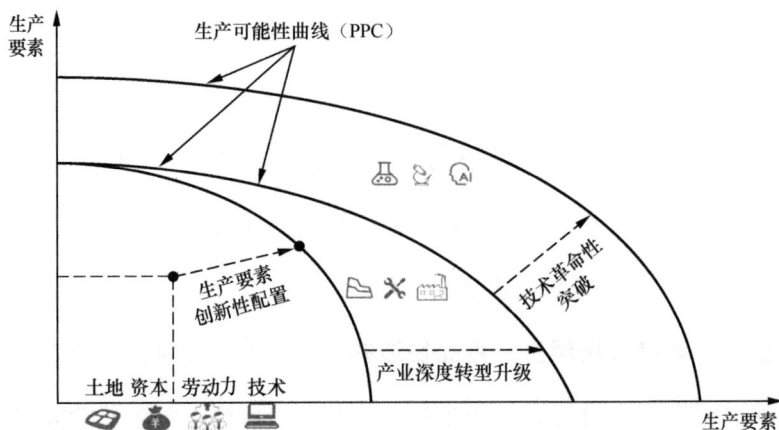

来源：中国信息通信研究院

图 8-5　生产要素帕累托改进提升新质生产力

提升新质生产力主要通过提高生产要素配置效率、发挥生产要素规模效应及范围经济效应来实现。

一是提高生产要素配置效率。通过市场机制，打破阻碍生产要素自由流动的体制机制，推动多种生产要素在各个经济主体间配置结构的协调优化和系统发展，推动劳动力、资本、土地、知识、技术、管理、数据等生产要素在市场机制作用下便捷化流动、网络化共享、系统化整合、协作化开发和高效化利用，推动各类优质生产要素以更高的效率流向关键核心领域，促进经济产出、结构优化、技术升级和福利改善。例如，战略性新兴产业多由重大技术突破或重大需求催生，其具有的知识技术密集度高、产业链条长的突出特点使其成为推动经济结构升级和实现经济高质量发展的重要力量。从生产要素结构转换角度来看，战略性新兴产业往往具有较高的附加值和利润率，在市场竞争环境下能够以更高的生产价格吸引高质量生产要素，包括领先技术、密集数据、优质资本、先进管理经验等，从而推动整个市场的生产要素从低效率生产部门向高效率生产部门配置，改变生产要素结构，提高生产要素配置效率，实现经济高质量发展层面的效率变革。

二是发挥生产要素规模效应。生产要素规模效应是通过适度扩大生产要素投入规模，集合各类生产要素，产生更高的经济效益，形成新的竞争优势。例如，产业集群将资源要素禀赋不同、发展程度不一、比较优势互补的行业聚集起来，通过分工精细化形成高质量产业链供应链，拉长产业生命周期。产业集群汇聚技术要素，推动多条技术路线竞争成长，为不同技术创新路线、商业创新模式提供足够赛道和空间，让真正具备竞争优势、符合产业升级方向的产品和企业快速成长。产业集群汇聚资本、人才要素等，有利于企业摊薄成本，尤其是摊薄前期投入较大的固定成本和创新成本，提升企业的市场占有率和竞争力。截至2023年底，我国已形成66个国家级战略性新兴产业集群、45个国家先进制造业集群，对全球资源要素的吸引力和聚集能力不断增强。

三是发挥范围经济效应。生产要素范围经济效应是企业通过汇集各类生产要素，在成本不增加的情况下，能够提供更多产品或服务。例如，算力互联网在现有互联网体系架构的基础上，将不同主体、不同类型、不同地域的公共算力资源标准化互联，使算力互联网具备可查询、可对话、可调用的服务能力，实现应用和数据在不同算力间高效供需匹配、流动互通、迁移计算，能够在多元化算力供给的情况下统合形成标准化可调度的算力服务，在成本不增加的情况下，提升算力应用能力。

3. 数据要素价值挖掘激发新质生产力

数据要素激发新质生产力的潜力已经开始显现，数据要素推动土地、资本、劳动力、技术等传统生产要素优化组合，找到企业、行业、产业在要素资源约束下的"最优解"。数据要素赋能行业应用场景，推动不同领域数据复用，实现知识碰撞，孕育新产品、新服务、新产业、新模式。数据要素推动多源异类数据汇聚融合，以"量变"产生"质变"，提升科技创新能力。数据要素提升企业在传统生产要素使用、资源配置和创新决策等方面的能力，实现降本增效和价值倍增，形成数据驱动创新发展新模式。2023 年，第一产业、第二产业、第三产业数据对经济增长的贡献率分别为 1.01%、1.96%、2.43%，与 2022 年比，分别增长 0.69、1.30 和 0.74 个百分点。

数据要素激发农业生产力。数据推动农业科学化经营决策。依托数据，农业数字化进程全方位、多层次、立体化加速推广，推动农业生产模式优化升级，辅助精细化农业生产全面展开，促进农业信息广泛共享。例如，天津东丽区对花卉生产数据进行采集、比对、分析，结合植物生长特性，发出精准浇花指令，多余水自动回流，水资源重复利用率接近 97%。数据支撑农产品质量安全追溯，精准化农业监管广泛普及，助力农业服务方式加快变革，便捷化农业服务多点推进。例如，保定、唐山等市的食用农产品数字化监管平台累计采集食用农产品品种信息近 2 万条，关联上游产地证明 68 万多条，做到来源可溯、去向可追，实现食用农产品全链条溯源，形成商品数字档案。

数据要素激发制造业生产力。数据推动制造业精细化生产。制造业企业通过对生产、制造、供应等各个环节进行实时监测和数据分析，及时发现问题并调整优化，提高生产效率和产品质量。例如，重庆九龙坡区利用忽米 H-IIP 工业互联网平台，通过数据汇集，让工厂的生产自动纠错能力提升约 10.6 倍，作业自动化率增长约 10.1 倍，人均产出提升约145.5%。数据要素驱动制造业新模式新业态加速落地，实现从"规模生产"到"定制生产"的跨越，推动智能工厂等新业态发展。截至 2023 年7 月，各地建设数字化车间和智能工厂近 8000 个，工厂产品研发周期平均缩短了 20.7%，生产效率平均提升了 34.8%，产品不良品率平均下降了27.4%，碳排放量平均减少了 21.2%。

数据要素激发服务业生产力。数据在服务业中的应用不断向纵深拓展。在以金融、物流为代表的生产性服务业中，通过对用户信息、用户反馈等数据进行数据分析，有效提升了服务精准性，丰富了服务形式、扩大了服务范围及提升了服务质量。例如，金融行业依托数据进行差异化定价、精准营销和智能投顾等；交通行业依托数据打造精准定位、高效安全的智慧交通数据网络。以零售、文体服务为代表的生活性服务业正在形成智慧服务模式，服务供给规模不断扩大，服务效率和质量明显提高，群众获得感、幸福感不断增强。例如，新零售通过数据驱动和智能化运营，实现线上与线下的全渠道融合，精准服务消费者，提升零售效率和质量。例如，埃森哲构建应用智能平台（AIP+），为企业提供智能需求预测与精准营销等方面的服务，帮助全球某软饮巨头年销售收入提升 4%。

（三）数据要素配置面临多重挑战

推进数据要素配置是一个系统过程，在这个过程中，数据确权是基础，数据要素市场建设是关键，数据治理是保障，各环节发展均面临复杂挑战。

1. 数据确权

确权是数据要素发展应用和数据要素市场建设的基础。数据不同的特征和经济属性决定**数据确权存在四大特点和难点**。一是数据产品流转与价值流转分离。数据的虚拟性和增值性特征，导致数据和传统生产要素不同（传统生产要素，如资本、劳动力、土地等产品与价值是统一的，通过交易，在完成产品转移的同时，也完成了价值转移），即使完成了数据产品流转，其价值流转也未必完成。二是数据所有权难以界定。所有权是产权中最为根本性的权利，产权包括但不限于所有权。同时，实践中，数据的价值在于数据使用，而不是数据占有本身。实践中，由于数据的可复制性和异质性等，确定数据所有权是非常困难的。例如，对于个人而言，数据本身来源于个人信息的汇聚，涉及大量个人隐私，若数据所有权归属于企业，不仅个人隐私难以保障，还难以限制企业用过度收集的个人信息谋取不正当利益。三是数据确权规则直接影响数据规模和价值多寡。传统生产要素的规模不受确权规则的影响，如资本、土地的存量不会因为产权归属变化而变化。但由于数据的虚拟性，政府无法通过刚性手段约束企业新增数据存储或扩大数据交易规模，数据的规模和价值都深度依赖于数据确权规则，若不能合理规定数据产权归属，如直接国有化等，可能会导致更多企业不存储数据。四是事前确权不适用于所有场景。数据的异质性和多元性，导致不同类型、不同行业数据无法用统一的数据确权规则加以规制。在海量数据时代，如果政府要对每一种类型的数据的产权在交易前进行确权，不但确权成本巨大，甚至会出现难以确权的情形。另外，大量确权后的数据可能无人问津，而使事先确权的工作失去意义。

2. 数据要素市场建设

数据要素市场是发挥数据最大化价值的关键。当前，数据要素市场建设**存在四大关键性难题：**一是数据外部性引发数据流通环节个体理性，而集体不理性问题。数据外部性导致数据供给方不能完全获得数据所产生的经济收益，却要承担所有的风险损失，导致经济主体不愿意主动向市场提供自身数据。公共数据多由国家机关、事业单位收集整理，权属结构较为清晰，可通过公共数据授权运营制度更好发挥政府作用。但产业数据尚未形成激励相容的顶层设计，数据持有者在权属不清、规则缺失的状态下，无法完全获得应有的经济收益，无法准确衡量数据过度采集、处理和使用带来的风险问题，影响数据流通积极性。二是数据公允价格不明确。一般而言，商品只有脱离了供给方和需求方的个性化因素，才能保证价值相对稳定。而数据本身具有异质性，同一数据对不同使用者在不同使用时间下和不同应用场景中所产生的价值并不相同。数据价值的不确定导致政府、企业无法准确衡量数据收益和成本，不敢交易数据。三是数据计量单位和语义标准不规范。标准的计量单位是规范基本交换行为的前提。传统以比特、字节或条数为单位的计量方式不能精准反映数据"数量"（如数据条数相同，其内容不同造成字节数不同等），交易双方难以快速理解交易产品所蕴含的"数据量"。四是行业数据供给结构亟待优化。在市场流通方面，我国数据要素供给大部分仍然聚焦于服务业，工业生产领域的数据要素供给非常匮乏。

3. 数据治理

高效数据治理是推进数据价值化的保障与动力。数据治理的目标是在控制数据风险的基础上尽可能提升数据使用价值，包括**解决市场失灵、传统监管"缺位""越位""失位"和维护市场安全**等在内的一整套数据管理体系。首先，在解决市场失灵方面，数据的外部性造成监管进退维谷。数据的外部性导致市场失灵，数据要素经过处理后会产生额外的有效信息，而技术的引入会进一步放大这种价值溢出效应，产生正外部性，此时若监管过早介入，将导致效率损失。同时，数据使用易造成隐私泄露的负外部性，但现有的法律制度在隐私保护方面不够精准成熟。市场失灵使得政府介入成为必要。其次，在解决传统监管"缺位""越位""失位"问题的过程中，一方面数据新业态、新模式的多元特征造成传统监管缺位。政府的监管步伐没能跟上数据要素新产业、新业态创新发展的速度，从而导致平台经济中不断涌现监管空白区域。另一方面数据要素市场主体职能的冲突和重叠造成传统监管"越位"。各主体作为市场竞争参与者的同时，往往还扮演着市场监督者和调解者的角色，从而对治理的公平性和公正性带来不利影响。例如平台承载了部分属于政府的公共职能，政府也愿意将部分权力让渡于平台，但部分权力的重叠会模糊公私权力边界。最后，在维护市场安全方面，制度框架粗放造成社会数据安全治理难题。现已出台的政策性文件（如《中华人民共和国数据安全法》）对一些重要问题仍缺乏规范，如"数据商品"的具体内涵。这可能会产生数据过度采集、滥用、泄露等数据安全风险，甚至会威胁国家安全，目前尚不能从技术层面突破这一监管困境。

（四）加快实现数据要素高质量高效率配置

现阶段是推动数据从资源化利用阶段迈向要素市场化配置阶段的重大变革期。针对数据要素在制度建设、市场流通、技术发展方面存在的堵点困难，应多措并举，探索在数据要素供给、市场建设、应用拓展、安全治理等方面的解决措施，推动构建"强资源、大市场、广应用、善治理"的数据要素发展新格局。

一是构建数据要素资源体系。提升公共数据供给能力。完善政务数据共享机制，建立国家政务数据共享交换平台，形成全国一体化政务数据资源库和目录体系。提升公共数据开放水平，建立国家公共数据开放平台，推动公共数据按用途扩大供给使用范围。健全数据资源管理体制，试点首席数据官制度，建立健全省、市数据回流机制。推动公共数据授权运营，制定公共数据授权运营相关管理办法和长效评估机制，鼓励市场主体参与公共数据的开发和利用，提升数据资源供给质量。推进数据标准体系建设，建立统一的数据格式、接口、存储等软硬件通用标准，以及建立数据登记、数据交易、数据共享、数据服务等环节通用规范，并利用信息模型库等技术手段推动数据格式标准化。发展数据生产服务业，支持企业依法合规开展数据采集，聚焦数据标注、清洗、脱敏、脱密、聚合、分析等环节，提升数据处理能力。

二是构建数据要素市场体系。构建多级市场规则。一级市场进行数据登记授权，建立健全信息披露机制、市场准入负面清单动态调整机制和第三方评估机制。二级市场进行数据流通交易，推动以合同约定的方式明确各方权益和责任。三级市场开展数据信贷融资、数据信托等数据资产金融创新活动，通过组织试点、案例推广、贯标引导、财税补贴等方式鼓励各地各行业积极探索数据流通新模式。培育数据要素市场生态。严控数据交易所数量，探索数据交易所牌照管理方法，推动行业数据交易平台建设，指导开展数商第三方评级认证，培育一批专业数据流通服务商、数据经纪商和第三方服务机构，提供规范的数据资产评估、数据经纪、数据托管、数据金融、合规咨询等专业服务。建立健全数据要素市场的价格形成机制，制定数据资产价值评估标准，完善数据资产评估规范，区分不同数据类型，推动形成数据公允价值。探索建立公共数据开发利用的收益分配机制，使公共数据被授权运营方分享收益及为其提供增值服务。

三是构建数据要素应用体系。布局数据基础设施。统筹算力基础设施建设，聚焦数据采集传输，高水平协同建设 5G 和千兆光网，梳理区域层面算力需求，统筹高性能算力与人工智能算力的协同建设与调度。建立基于可信数据空间的新型数据流通体系，进行重点行业数据空间试点，建设面向重点行业典型场景的测试床，支持龙头、链主企业建立行业空间，形成一系列可复制的经验和模式。充分利用现有标识解析体系、数据对象化体系等基础设施，搭建新型数据服务网络。推动跨境数据基础设施建设，加大对国际海底光缆、国际互联网数据交互点等数据基础设施的建设力度，提升跨境数据基础设施安全水平。分行业强化数据融合应用能力，如推动数据要素赋能工业，培育数据驱动的平台化设计、网络化协同、个性化定制、智能化生产、服务化延伸、数字化管理等新模式，深化数据在原材料、装备制造、消费品、电子信息等重点行业中的应用。推动数据要素赋能金融，加强数据在差异化定价、精准营销、智能投顾等场景中的应用，促进金融业务的创新发展。

四是构建数据要素治理体系。强化数据安全保障能力建设。促进数据要素市场信用体系建设，逐步完善数据交易失信行为认定、守信激励、失信惩戒、信用修复、异议处理等机制。根据行业特点和数据流通场景，形成数据流通"负面清单"，制定数据交易合同规范，明确各类主体的数据使用权限、数据使用范围、数据使用方式和安全责任。强化数据在现代治理中的应用，强化数据采集布局，加强重点领域的全主体、全品种、全链条数字化追溯监管。加强监管事项清单数字化管理，运用多源数据为市场主体精准"画像"，根据企业信用实施差异化监管。用数据决策推动决策科学化，建立数据要素流通技术监测预警平台，形成"数据定期收集监测－数据分析－方案提出"的决策流程，充分运用非现场监管、物联感知、掌上移动、穿透式监管等新型监管手段，探索如何在数据流通过程中实现敏捷监管、触发式监管和穿透式监管。

▷ 第九章
数字经济推动产业深度转型升级

（一）数字经济推动产业深度转型升级的机理分析

产业是生产力发挥作用的重要领域，新质生产力的发展事实上就是前沿创新成果有效赋能劳动者和劳动资料，在新的时代条件下高质量改造经济社会发展的过程。近年来，信息技术代际跃迁、群体突破，孕育成长出新一代信息通信技术产业，如人工智能、大数据、区块链、物联网、量子计算、下一代通信、机器人、先进计算、虚拟和增强现实等产业正快速壮大，拓展了信息通信业的发展边界，丰富了产业形态，是全球各国未来产业尤其是战略性新兴产业布局的核心焦点领域。当前，传统产业、战略性新兴产业、未来产业的发展都已成为建设现代化产业体系、推进新质生产力发展的重要内容，坚持传统产业、战略性新兴产业与未来产业并重，存量变革与增量发展并举，是实现生产力跃迁、培育壮大新质生产力、塑造竞争新优势的重要基础和核心。

1. 数字经济重塑传统产业转型升级路径

我国经济已经由高速增长阶段转向高质量发展阶段，产业发展方式由传统的规模扩张向质量提升转变。传统产业通过数字化加快高端化、智能化、绿色化发展，实现降本增效、产品优化和节能减排，在激烈的市场竞争中占据有利地位，向全球价值链中高端攀升。

数字经济加快传统产业向高端化发展。工业经济产业链中，各环节价值往往以"微笑曲线"的形态呈现，即附加值更多体现在上游的研发设计环节和最靠近用户的产品营销服务环节，而处于中间的产品制造环节附加值相对较低。成本方面，产品制造环节通常需要较大的前期物力人力投入，会摊薄后期利润；营收方面，生产线建成后企业常常要按照既定的技术和流程进行生产，打造差异化产品的能力有限，市场议价能力也就有限。**数字经济形态下**，大数据、云计算、数字孪生等技术能够在生产线铺设之前帮助企业精准分析最优化的厂房设计方案，最大限度降低前期投入成本；自动化、仿真建模等技术大幅提升企业柔性生产能力，数字技术与生产管理和复杂工艺结合，使得企业能够以较低的费用快速响应市场需求变化，对产品结构和设计进行调整，及时推出更高附加值的创新产品。同时，计算机辅助设计、工业互联网、人工智能等数字技术推动"制造＋研发"一体化发展，"产品＋服务"融合化发展，促进制造企业向研发设计、服务等价值链更高环节延伸。这些机制正在逐步改变制造环节"利润低、价值低、可替代性强、对竞争优势影响小"等传统规律，推动价值曲线由"微笑曲线"向"沉默曲线"转变。

数字经济加快传统产业向智能化发展。数字技术作用于数字要素，通过赋能生产决策、流程管理，帮助企业更好满足市场需求，提高生产效率，实现产业优化升级。大数据分析、云计算、机器学习和人工智能等数字技术可以用于分析和处理生产数据，帮助企业进行智能决策、预测和优化。传统决策依赖于专业人员的专业知识和经验积累，而智能决策基于更快的计算和海量的历史数据，能够大大提高决策效率和准确性。同时数字化的制造要素在工业软件的串联集成下，可以形成具备自感知、自分析、自决策和自执行能力的新型制造系统，能够实时、精准、灵活地对制造过程进行调整，更敏捷地应对外部环境的变化。

数字经济加快传统产业向绿色化发展。数字技术通过赋能政府和企业的能源管理系统，能够帮助产业识别碳排放问题，制订能源绿色清洁转型计划，有序减少资源浪费和污染，加快实现"双碳"目标。**制造企业**应用智能传感、数字孪生等技术，可以全流程追踪、分析、核算生产经营中的碳排放情况，优化配置污染治理要素，实现企业在生产、管理、服务各方面的能源利用最大化、环境影响最小化，更有效地实现节能降碳。**能源生产、存储和运输企业**能够应用数字技术智慧升级，构建多元协同、多能互补的新型电力系统，显著提升电力系统的灵活性、稳定性，推进能源结构整体向绿色化升级。

数字经济催生多领域融通、多主体协同的创新生态。随着产业数字化不断深入发展，工程平台、开源数据库、算力服务等技术底座不断被夯实，新范式下的创新活动更多呈现网络化、生态化特征。数字技术打破传统农业、制造业和服务业的产业边界和地理空间限制，汇聚整合各产业的海量数据，为创新主体跨界合作、平台化融通提供基础。例如，智慧农业生态场景中，智能设备制造业、技术咨询服务业与农业深度融通，物联网、云计算、人工智能等现代信息技术，"空天地一体化"获取并处理光照、温度、土壤湿度等环境数据，实现具有信息感知能力、定量决策能力、智能控制能力的全新农业生产方式。

2.战略性新兴产业支撑新质生产力增量发展

从历史维度看，新兴产业是动态发展的，第一次工业革命时期，新兴产业主要覆盖纺织、煤炭等行业；第二次工业革命时期，新兴产业更多地体现在电力工业、化学工业、石油工业和汽车工业等领域；第三次工业革命时期，新兴产业主要集中在信息技术、网络技术等领域。

战略性新兴产业代表新一轮科技革命和产业变革的方向，是培育发展新动能、获取未来竞争新优势的关键领域和增量所在。战略性新兴产业渗透性、融合性强，通过与传统产业交叉、渗透、融合等，能够推动传统产业升级，促进先进技术产业化、提升产业层次，可以更加合理地利用资源建设现代化产业体系，也为战略性新兴产业的发展提供了巨大的市场需求。当前，战略性新兴产业成为新质生产力的重要载体，对经济社会全局和长远发展具有重大引领带动作用。

一是促进内涵型经济增长，是实现新旧动能转换的关键所在。一方面，战略性新兴产业以重大技术突破和重大发展需求为基础，是知识技术密集、物质资源消耗少、成长潜力大、综合效益好的产业。战略性新兴产业的发展速度相对比较快，市场空间比较大，是国民经济新的增长点，加快对战略性新兴产业的新动能培育是推动新旧动能转换的必然途径。当前，新一代信息技术、高端装备、智能网联汽车、生物与健康、节能环保、新能源、新材料、现代服务业等一批十万亿元级新兴支柱产业加快发展壮大。5G与人工智能应用拓展，新技术、新产业、新业态、新模式加速发展，形成智能经济、生物经济、低空经济、太空经济、海洋经济等新动能。**另一方面，**战略性新兴产业的发展不仅形成新的日益强大的产业部门，而且许多战略性新兴产业的技术、产品具有广泛的用途，通过在其他产业中的应用、与其他技术和产品的融合，能够使既有的产业部门发生效率和质量变革，从而使既有产业部门也成为新质生产力的重要组成部分和物质基础。例如，智能汽车、新型汽车、新能源汽车等与传统汽车产业关系密切，当前，我国新能源汽车、动力电池等新兴产业领域已经形成从科技创新到产业化再到市场应用的全链条优势。2023年，我国新能源汽车产销分别完成958.7万辆和949.5万辆，新能源汽车全球占比超60%，以更高的动力效率、更强的智能化体验和更优的平台设计促进汽车行业创新发展，释放增长动能。

二是提升国家竞争力，有助于实现弯道超车、跨越发展。各国将发展战略性新兴产业作为构建国际竞争新优势、掌握发展主动权的关键内容。现阶段，国际形势充满变数，世界格局将迎来重大调整，国际竞争日趋激烈。例如，美国发布《美国政府关键和新兴技术（CET）国家标准战略》《国家网络安全战略》等，德国发布《量子技术行动计划》《人工智能行动计划》等，韩国发布《以任务为导向的国家战略技术路线图》，战略性新兴产业已经成为全球竞争新高地。战略性新兴产业所需的大量新技术尚处于发展初期阶段，全球战略性新兴产业发展几乎处于同一起跑线上，领先发展则能够抢占主导权。做大做强战略性新兴产业能够增强我国的自主创新与自我发展能力，以更快速度构筑新技术体系，打破一些国家对我国高科技的战略遏制与封锁，实现对领先国家的追赶。例如，低空经济已经成为培育发展新动能的重要方向。低空经济上下游产业链长，仅低空制造就涵盖了芯片、复合材料、连接器、传感器等核心零部件和原材料，是全球主要经济体竞相角逐的新领域。当前，中国已经形成相对完整的低空经济产业链，产业链的完备也带来聚集效应。以深圳为例，作为无人机之都，截至 2023 年底，已经聚集 1700 多家无人机企业，年产值为 960 亿元。以大疆为代表的中国民用无人机制造厂商，已具有很强的竞争力，大疆的飞控、云台、图传、自研影像系统等已形成一定的规模化优势，大疆在全球无人机市场的份额占比超 70%。

三是释放强正外部性，有效带动产业链上下游协同发展。一方面，战略性新兴产业通过产业内外部技术外溢，客观上形成以前沿技术为支撑的产业公地。战略性新兴产业的创新成果往往来源于关键性基础研究领域，具有很强的通用性和成长性。随着关键前沿性技术不断取得的突破性进展，以及相关应用研究和开发技术的持续推进，战略性新兴产业将形成一个复杂的创新生态和产品系统。伴随着产业和科技的深度融合，产业链同时横向和纵向延伸，进而形成一个复杂的产业网络，战略性新兴产业将利用自身在创新生态中的核心地位，带动产业网络中的其他主体实现联动发展。另一方面，战略性新兴产业具有显著的"中间投入品需求带动效应""最终品供给扩张效应"。以新能源汽车为例，新能源汽车产业需要电子控制系统、电机、电池等大量中间投入品的支持，发展新能源汽车产业能带动电子部件、冶金材料等相关中间投入品行业的发展，同时也提升了对电池的安全性、寿命、容量的要求，带动了电池材料和生产工艺的升级创新，使中间投入品行业加速规模扩张，促使中间投入品行业增加研发投入，实现技术进步。再以新材料为例，新材料应用范围广阔，采用新材料，能够有效提升最终品的性能，延长其寿命，进而推动最终品升级换代，加速推动最终品产业转型升级。例如，导弹、激光武器、雷达、新型战斗机、新型主战坦克及军用高能量密度组件等国防产品，离不开特种功能材料的支撑。同时，特种功能材料也是我国核电、电子、建筑、造船等领域产业技术升级的重要材料，特种功能材料的发展能够提升相关产品和技术的水平。

3. 未来产业孕育新质生产力变革性因素

中央经济工作会议强调，"以颠覆性技术和前沿技术催生新产业、新模式、新动能，发展新质生产力"，要求"开辟量子、生命科学等未来产业新赛道"。未来产业由前沿技术驱动，当前处于孕育萌发阶段或产业化初期，是具有显著战略性、引领性、颠覆性和不确定性的前瞻性新兴产业。前瞻布局未来产业是重塑国际竞争新优势的必答题，是打造经济增长新引擎、培育产业体系新支柱的抢答题，是引领科技进步、带动产业升级、发展新质生产力的战略选择。作为新质生产力最活跃的先导力量，未来产业能对经济社会起到全局性、引领性变革作用。

一是具有先发效应，孕育国际竞争新赛道。未来产业从产品原型出现到最终进入大规模商业化的高增长轨道、形成规模可观的产业需要较长的时间。晚一些进入高增长轨道看似不会对未来产业竞争地位产生太大影响，甚至通过加大投入力度也能够实现追赶，但理论和现实表明，进入高增长轨道的时间的差异会影响未来产业的竞争地位且地位会在相当长的时期内被固化，一般来说，先进入者具有显著的"先行者优势"。随着新一轮科技革命和产业变革纵深推进，未来产业呈现更加明显的"先行者优势""后入者锁定"特征。先行国家与地区一旦在未来技术创新与产业转化上取得突破，就能够迅速构筑包括知识产权、产品标准等在内的先发壁垒。当前，从全球形势看，美国和欧洲国家纷纷抢先布局未来产业，出台实施一系列战略规划、政策举措。从历史镜鉴看，在光刻机、工业软件、操作系统等20世纪70年代至20世纪80年代的未来产业领域中，我国起步并不晚，但由于技术、市场、政策等因素制约，这些当时的未来产业没有得到有效培育壮大。结合全球形势与历史镜鉴，前瞻布局未来产业、加快形成新质生产力是增强自主发展能力、锻造非对称技术优势的必由之路。

二是具有强赋能属性，驱动产业整体升级发展。一方面，未来产业带来"无中生有"的变革力量。历经从前沿技术到小试中试再到产业转化，一批未来产业孕育壮大将深刻改变我国产业体系的底层技术逻辑、提高产业高级化程度。**具体来看**，我国发展未来产业具有良好的基础，我国人工智能、量子计算等前沿重大科技成果不断涌现为未来产业发展提供了坚实的技术策源支撑，智慧城市、数字政府等的建设为未来产业发展提供了超大规模应用场景，科技人力资源规模稳居世界第一的人才红利为未来产业发展提供了有力的智力保障，我国所拥有的全球最完整的产业体系则为未来产业发展提供了大规模商品化、产业化的基础。**另一方面**，未来产业带来"脱胎换骨"的赋能力量。作为基础性产业，未来制造、未来材料、未来网络等能够广泛渗透产业链上下游各个环节，引领传统产业走向高端化、智能化、绿色化。例如，超级计算机的高性能计算，可为大飞机和高速列车等的设计提供计算支撑，助力生命科学领域的新药研究和精准医疗模式变革，降低新功能材料的发现难度并提高材料性能。

三是具有路径颠覆效应，催生先进生产力质态。未来产业发展能够不断突破人类认知极限和物理极限、拓展新的发展空间、改造现有生产方式，深刻改变经济运行方式与企业组织经营模式。此外，未来产业在技术上的前沿性和关键性意味着新技术会从根本上颠覆当前的生产和消费模式，能够用更高的效率和更低的成本提供性能更强的产品与用户体验更佳的服务，在涉及国计民生的一些重要领域中，能够更好地满足人类未来的根本性需求。例如，原子级制造可以赋能集成电路、精细光学、高端传感等高新技术产业，使器件加工能力达到原子级精度，使得器件的性能不断达到极限，并有望破解部分关键物质科学问题。当前5纳米以下的集成电路制造就需要光刻机光路系统中的平面加工精度达到亚纳米级，精度的改变可能会改变集成电路制造的各个方面。未来产业的群体性涌现，将会推动社会生产函数发生质的变化、全要素生产率大幅提升，并且未来产业更多凸显技术、知识、数据等新型生产要素的密集投入，推动我国经济增长模式从更多依靠增加要素数量的外延式增长转向更多依靠创新驱动的内涵型增长。

（二）数字产业化夯实高质量发展产业基础

数字产业化作为数字经济的重要组成部分，为数字经济发展提供数字技术、产品、服务、基础设施和解决方案，为新兴产业的崛起提供了坚实的基础，对新兴产业的培育和新质生产力的发展起到了关键的支撑作用。2023年，数字产业化稳步发展，构筑新质生产力发展底座。

电信业发展基础进一步夯实，新兴业务释放行业发展活力。截至 2024 年 8 月底，我国电信业务总量同比增长 10.7%，1—8 月规模以上互联网和相关服务企业完成互联网业务收入 1.17 万亿元。**一方面，电信支撑能力进一步提升，新型基础设施适度超前规模化部署。"双千兆"网络覆盖持续完善。**截至 2023 年 8 月底，具备千兆网络服务能力的 10G PON 端口达到了 2732 万个。5G 网络深度和广度不断拓展，目前 5G 网络已覆盖我国所有地级市城区、县城城区，持续推进向重点场所深度覆盖。**算力网络阶段性跃升。**截至 2024 年 6 月底，我国在用数据中心机架数达到 830 万标准机架，算力总规模达到 246 EFLOPS（每秒 246 百亿亿次浮点运算），其中智能算力规模超过 76 EFLOPS。2023 年，我国围绕国家算力枢纽、数据中心集群布局新建约 130 条干线光缆，启动 400G 全光省际骨干网建设，实现云、算力网络的高效互通，国家积极落实"东数西算"战略，全国性算力网络布局持续完善。**另一方面，新兴业务快速发展，科技创新推动产业取得新突破。新兴业务支撑作用巩固。**2024 年 8 月底，互联网数据中心、大数据、云计算等新兴业务成为拉动信息通信业发展的重要增长极，2024 年前三季度我国电信新兴业务收入达到 3252 亿元，同比增长 9.4%，延续高速增长态势。**新兴领域超前布局，关键技术攻关加强。**数据显示，2023 年电信行业研发经费同比增长 9.8%，高出收入增速 3.6 个百分点。5G 定制化基站、5G 轻量化技术实现商用部署；2023 年 9 月，中国电信发布"手机直连卫星"商用服务，是全球首个支持消费级 5G 直连卫星双向语音通话和短信收发通信的运营级产品；2023 年 8 月，中国移动成功研制并商用国内首款可重构 5G 射频收发芯片"破风 8676"，助力突破 5G 关键核心技术壁垒。

软件和信息技术服务业稳步向好，提供新型生产工具。生产工具的科技属性强弱是辨别新质生产力和传统生产力的显著标志。新一代信息技术、先进制造技术、新材料技术等融合应用，孕育出一大批更智能、更高效、更低碳、更安全的新型生产工具，进一步解放了劳动者，削弱了自然条件对生产活动的限制，极大拓展生产空间，为形成新质生产力提供物质条件。特别是工业互联网、工业软件等软件和信息技术服务产品的广泛应用，极大丰富了生产工具的表现形态，促进制造流程走向智能化，制造范式从规模生产转向规模定制，推动生产力跃上新台阶。**总体来看，我国软件和信息技术业整体保持良好运行态势**。截至 2024 年 8 月底，受内生创新动能驱动和外部数字化转型需求拉动影响，我国软件业呈现"平稳较快增长、结构持续优化"的特点，2024 年 1—8 月，我国软件业务收入达 85492 亿元，同比增长 11.2%，收入实现高速增长。**分结构来看，云计算、大数据等信息技术服务成为关键增长点**。当前，以云计算、大数据、区块链、人工智能等为代表的软件新兴技术创新迭起，不断催生新的业务增长点，新技术带动的软件技术、模式、生态加速变革。从软件和信息技术服务业内部结构来看，**信息技术服务持续为行业发展提供重要增长动力**，截至 2024 年 8 月底，软件产品、信息技术服务、信息安全产品和服务及嵌入式系统软件收入占总行业收入比重分别为 22.4%、67.6%、1.5% 和 8.6%，同比增速为 8.2%、12.5%、7.0% 和 9.7%。具体来看，近年来大模型、元宇宙、区块链等新技术发展和各行业数字化转型的需求，带动隶属于信息技术服务的云计算、大数据服务收入增长，2024 年 8 月底增速为 11.8%。与此同时，我国软件业不断开辟新赛道，重构软件生态。自 2023 年以来，我国在通用大模型、智能芯片设计、工业软件、量子信息等领域创新成果不断涌现，开源软件发展进一步激发创新活力，国产操作系统、数据库、应用软件等逐渐进入国内中高端市场，产品性能也随之大幅提升，更好地服务用户需求、推动软件产业发展。例如，中国信息通信研究院用户调研数据显示，用户意愿迁移至龙蜥操作系统的比例超过半数达 53%，该操作系统在用户迁移意愿排行中排名第一。

互联网和相关服务业平稳发展，创新应用促使产业发展焕发生机。新质生产力是以深化新技术应用为重要特征的生产力，互联网、大数据、云计算、人工智能等新兴技术已经成为新型通用技术，对众多行业和产业发展产生了显著的赋能效应。互联网行业正是这些新技术的主要发源地和应用前沿阵地，互联网行业的发展直接推动新质生产力的形成、发展和提升。**总体来看，互联网业务收入持续提速增长。**2024 年 1—8 月，我国规模以上互联网和相关服务企业完成互联网业务收入 11710 亿元，同比增长 4.4%，实现利润总额 1008 亿元，同比增长 0.5%。**具体来看，信息服务领域企业收入基本稳定。**2023 年，以信息服务为主（包括新闻资讯、搜索、社交、游戏、音乐视频等）的企业互联网业务收入同比增长 7.5%。截至 2024 年 6 月，我国网民规模近 11 亿人（10.9967 亿人），较 2023 年 12 月增长 742 万人，其中，短视频行业持续繁荣，用户占网民整体的 95.5%。**生活服务领域企业收入增速大幅提升。**2024 年 1—8 月，以提供生活服务为主（包括本地生活、租车约车、旅游出行、金融服务、汽车、房屋住宅等）的平台企业互联网业务收入同比增长 3.8%。超半数地区互联网业务收入实现增长。2024 年 1—11 月，互联网业务累计收入居前 5 名的北京（增长 1.7%）、上海（下降 8.7%）、广东（增长 5%）、浙江（增长 1%）和天津（增长 2.4%）共完成业务收入 13436 亿元，同比下降 0.5%，占全国（扣除跨地区企业）互联网业务收入的 83%。全国互联网业务收入实现正增长的省（自治区、直辖市）有 14 个，其中甘肃、贵州增速超 30%。

电子信息制造业稳定恢复，提供新质生产力发展强大动力。电子信息制造作为现代工业的重要组成部分，其技术革新、产品创新及产业升级对新质生产力的发展起到关键推动作用。**电子信息制造产业升级促进新质生产力的发展。**2024 年 1—9 月，我国电子信息制造业引领工业发展，规模以上电子信息制造业增加值同比增长 12.8%，增速高于同期工业增加值 7 个百分点。电子信息制造的产业升级促进新质生产力发展，随着电子信息制造业向高端化、智能化、绿色化方向发展，一批具有竞争力的电子信息企业脱颖而出，通过加大研发投入、推动技术创新、优化生产流程等方式，不断提升自身的核心竞争力和市场地位，为新质生产力的发展注入了新的活力。**电子信息制造产品创新为新质生产力提供丰富应用场景。**智能手机、平板电脑、可穿戴设备等消费电子产品的普及，以及工业控制、医疗电子、汽车电子等领域对电子信息产品的需求增长，都为新质生产力发展提供了广阔的空间和丰富的应用场景。截至 2024 年 9 月底，生产微型计算机 2.49 亿台、手机 11.84 亿台、彩电 1.5 亿台，同比分别增长 2.9%、9.8% 和 2.5%。新培育国家绿色数据中心 50 家，可再生能源利用率平均值超过 50%。

（三）生产性服务业数字化成服务业效率提升突破点

1."鲍莫尔病"：一种服务业成本和生产率不均衡的现象

"鲍莫尔病"源于威廉·鲍莫尔对服务业价格上涨明显快于制造业现象的解释[1]。他构建了一个两部门动态非均衡增长模型，一个是"进步部门"，劳动生产率增长较快；另一个是"停滞部门"，劳动生产率增长较慢。假设劳动力可以在两部门间自由流动，"进步部门"由于劳动生产率增长较快，部门工资上涨较快，劳动力收入实现增长，劳动力会不断涌入该部门。"停滞部门"劳动生产率增长较慢，但为保持生产、维持劳动力规模，只能通过提高产出价格实现工资水平与"进步部门"同比例上涨。最终，"停滞部门"占 GDP 比重持续提升，又由于劳动生产率增长是经济增速的重要构成，较高权重的低劳动生产率将导致经济增长失速。

鲍莫尔对"进步部门""停滞部门"的划分依据新技术与不同产业相结合的不同难易程度。在现代经济中，制造业往往可较为容易地与新技术相结合，劳动生产率增长较快，即"进步部门"。相对于制造业，服务业与新技术结合难度大，劳动生产率增长较慢，从而成为"停滞部门"。"鲍莫尔病"在现实中的体现便是伴随经济服务化的经济增长放缓，乃至停滞。

1　Baumol, W J. Macroeconomics of unbalanced growth: the anatomy of urban crisis[J]. The American economic review, 1967, 57（3）:415-426.

2.我国服务业发展面临多重压力，出现"鲍莫尔病"承压

按国家统计局公开资料测算，我国第三产业劳动生产率长期低于第二产业，但第三产业劳动生产率增长率长期与第二产业呈现交错态势，因此需分阶段结合经济增长特点共同判定我国是否存在"鲍莫尔病"。从名义增速变化来看，按5年为一观察期，第二三产业劳动生产率5年平均增长率对比如图9-1所示，改革开放后，我国第二产业与第三产业劳动生产率增速关系可大致分为4个阶段：第一阶段是1979—1988年，第三产业劳动生产率增速高于第二产业，主要得益于改革开放对于服务业放松管制。第二阶段是1989—2003年，这一阶段长达15年，第二产业劳动生产率增速高于第三产业，第二产业呈现威廉·鲍莫尔描述的"进步部门"的技术特征。第三阶段是2004—2013年，这一阶段第三产业劳动生产率增速高于第二产业，第三产业呈现"进步部门"技术特征。第四阶段是2014年至今，这一阶段第二产业劳动生产率增速与第三产业劳动生产力增速交替领先，且彼此相差不大，有趋同趋势。具体来看，在2014—2018年，第二产业劳动生产率增速领先；2018—2023年，第三产业劳动生产率增速领先。

从"鲍莫尔病"的定义来看，很难根据劳动生产率增长快慢来界定绝对的"进步部门"或"停滞部门"。我国用40年的时间，走完了西方国家近300年走过的工业化历程，我国经济工业体系复杂，配套服务业较为丰富，产业关联强，市场规模大，技术落地消费场景多，又叠加人口红利期，因此不能简单套用"鲍莫尔病"定义，需分阶段结合经济增长特点与结构综合判断。

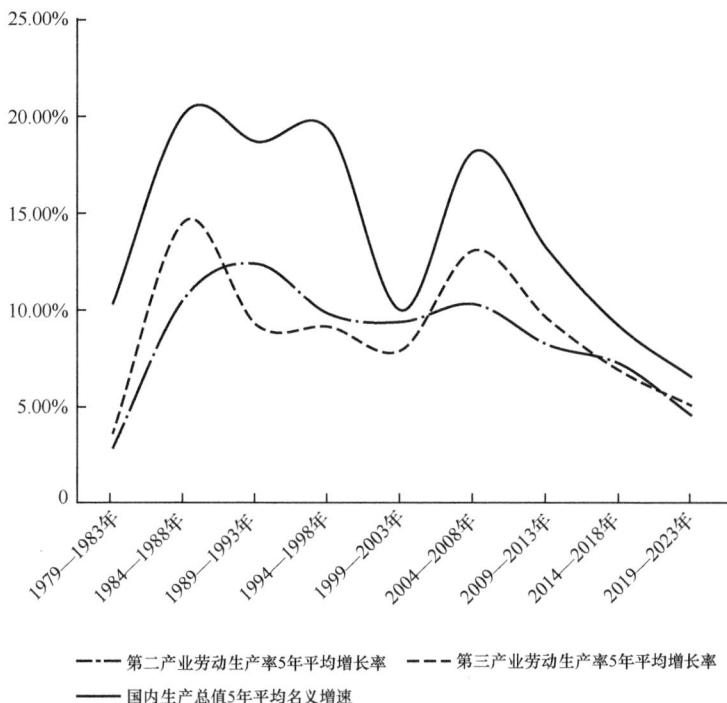

来源：国家统计局

图 9-1　第二三产业劳动生产率 5 年平均增长率对比

在第一阶段（1979—1988 年）中，我国经济不存在"鲍莫尔病"现象。 这一时期，第三产业是"进步部门"，这种进步主要源自改革开放制度红利与传统第二产业部门的主业受困，改革开放将服务业从物质生产部门中解放出来，劳动生产率增长率快速提升，支撑经济步入高速发展通道。这一时期，"三产""停薪留职"逐渐成为一种社会潮流[1]。"三产"指许多企业经营困难，开展的自救式商业活动，譬如，把原来的工厂租给个体户开店；或者把闲置的卡车组织起来，成立一个运输公司；再或

1　吴晓波.激荡三十年[M].北京:高等教育出版社.北京:中信出版社,2017.12.

者，通过出卖劳动力、组织施工队投身建筑业。

在第二阶段（1989—2003 年）中，我国经济也不存在"鲍莫尔病"。这一时期，第二产业是"进步部门"，这种进步源于生产技术的引入，人们耳熟能详的"市场换技术"是这一阶段第二产业发展的真实写照。第二产业的技术革命使得第二产业劳动生产率增长率持续走高，成为经济平稳高速增长的重要支撑。同时，大量劳动力涌入第二产业、第三产业部门，劳动力市场持续扩张，2003 年相比于 1989 年，第二产业与第三产业就业人员分别增长 3951 万人与 1.15 亿人，劳动力在两部门间转移程度较低。需要指出的是，在这一阶段的后半段（1999—2003 年），在两部门劳动生产率增长率没有明显降低的情况下，经济发展明显失速，主要源于"亚洲金融危机"造成的外需疲软。但经济发展基本面并未改变，不构成"鲍莫尔病"前置条件。

在第三阶段（2004—2013 年）中，我国经济同样不存在"鲍莫尔病"现象，但开始积累"鲍莫尔病"构成要素。这一阶段，我国劳动生产率增长率开启下行趋势，经济增速逐渐放缓，但我国经济增长仍处于高速增长区间。第三阶段的 10 年，第二产业劳动生产率增速持续走低，第三产业重新崛起成为"进步部门"，甚至劳动生产率达到 20 世纪 90 年代以来最高点。这主要源于上一阶段制造业技术的不断更迭与制造业形态的不断变化，越来越多的服务业从物质生产部门脱嵌分化，加之逐步开启的互联网时代与数字化转型成为服务业劳动生产率增长率提高的重要支撑。第二产业劳动生产率的持续走低，主要源于制造业部门就业人口的快速增长与低端价值链锁定。与上一阶段相比，这一阶段我国也正式成为"世界工厂"，第二产业就业人员共增加 6433 万人，增长百分比远高于同期第三产业，规模也相差不多。第二产业的低端价值链锁定与加速扩张为下一阶段我国经济面临"鲍莫尔病"承压埋下隐忧。

在第四阶段（2014—2023 年）中，我国经济依然不能判定存在"鲍莫尔病"，但"患病"压力陡增。这一阶段我国劳动生产率增速仍然持续下降，经济逐渐实现中高速增长，同时从经济结构上来看，我国经济在 2012 年实现第三产业增加值对第二产业增加值的超越，经济运行整体进入"新常态"。从劳动力流动上来看，第三产业就业人口迅速膨胀，2023 年较 2014 年增长 4179 万人，第二产业就业人口逐渐萎缩，2023 年较 2014 年减少 1537 万人。在此趋势下，第二产业劳动生产率增速依然与第三产业劳动生产率增速保持交错领先，究其原因，主要在于数字技术与第三产业率先结合的后续影响，以及为保持部门规模稳定而逐渐提高的第三产业价格，第三产业的发展质量已经成为我国经济破解"鲍莫尔病"的关键。

3. 生产性服务业带动效率提升，成破解"鲍莫尔病"关键

随着现代服务业的发展，服务业与制造业加速融合，服务业结构不断分化，单一的"停滞部门"已不能反映服务业的复杂内涵。1966 年，美国经济学家哈里·格林菲尔德在《人力与生产性服务业的增长》一书中，根据生产者与消费者之间的区别，提出"生产性服务"这一概念，即可用于商品和服务进一步生产的、非最终消费的服务。1975 年，美国经济学家布朗宁和辛格曼在《服务社会的兴起》一书中，把服务业分为 4 类：生产者服务（包括商务和专业服务业、金融服务业等）、消费者服务（包

括住宿服务、餐饮服务等）、流通服务（包括零售、批发、交通、通信等）、社会服务（包括政府部门提供的所有服务）。1993 年，在美国经济学家赫伯特·格鲁伯与迈克尔·沃克所著的《服务业的增长：原因与影响》一书中，将服务业划分为消费者服务业、生产者服务业与政府服务业，对后续服务业的类型划分影响深远。在相关研究的推动及现实发展需要的影响下，我国也逐渐推出促进服务业分类的指导意见。

2014 年和 2015 年，国务院先后出台了《国务院关于加快发展生产性服务业促进产业结构调整升级的指导意见》（国发〔2014〕26 号）和《国务院办公厅关于加快发展生活性服务业促进消费结构升级的指导意见》（国办发〔2015〕85 号），明确了我国生产性服务业、生活性服务业的重点发展领域，为正确理解生产性服务业和生活性服务业的概念和内涵提供了国家视角。其中，生产性服务业涉及 16 个国民经济行业门类，348 个行业小类，主要包括：批发业，交通运输、仓储和邮政业，信息传输、软件和信息技术服务业，金融业，租赁和商务服务业，科学研究和技术服务业，生态环保和环境治理业等。

20 多年来，我国服务业结构不断优化，生产性服务业蓬勃发展。 2002 年，我国生产性服务业规模处于较低水平，生活性服务业占主导地位，如图 9-2 所示。2002 年以后，我国生产性服务业在第三产业中占比总体呈现上升趋势，产业融合逐渐加速。党的十八大以来，我国服务业结构正式进入新一轮优化周期，逐渐扭转自 2007 年以来生产性服务业占比短期下降状况。2013 年，我国生产性服务业三产占比首次超过 50%，达 50.12%。2022 年，我国生产性服务业三产占比已达 53.88%。

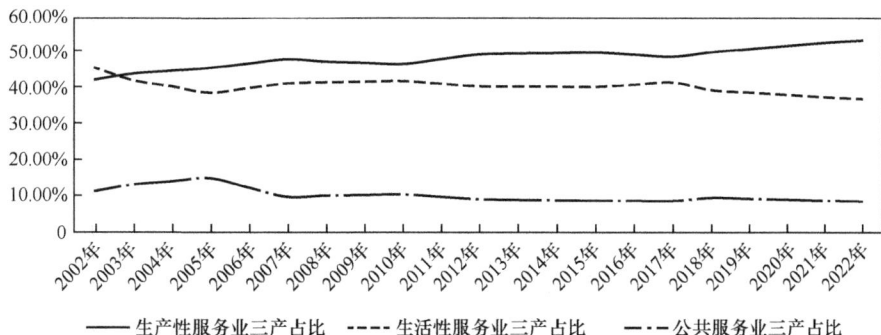

来源：国家统计局，中国信息通信研究院

图 9-2　服务业细分产业占比

从劳动生产率来看，生产性服务业却成为我国经济规避"鲍莫尔病"的主要承载产业。吴海珍等人的最新研究表明，依据《中国地区投入产出表》《中国第三产业统计年鉴》等的数据，在可比的统一观察期内，按可变价格计算，2019 年我国生产性服务业全劳动生产率均为生活性服务业的 2 倍左右，并且这种差距已保持 8 年。同年，生产性服务业全劳动生产率（21.515 万 / 人）也高于第二产业全劳动生产率（18.136 万 / 人），成为弥合"鲍莫尔病"的关键产业[1]。王庆芳的研究同样表明，依据国家卫生健康委员会"中国流动人口动态监测调查数据"进行测算，在观察期内，2018 年生产性服务业从业人员每小时平均收入为 20.564 元，生活性服务业从业人员每小时平均收入为 14.698 元，生产性服务业劳动生产率同样较高。王庆芳同样测算了制造业从业人员每小时平均收入，测算结果表明，制造业从业人员每小时平均收入为 15.251 元，高于生活性服务

1　吴海珍;韩兆安;云乐鑫.中国服务业全劳动生产率：水平测度与时空演化[J].统计与决策, 2024, 40（12）：113-118.

业从业人员每小时平均收入但低于生产性服务业从业人员每小时平均收入[1]。

从细分服务业数字经济渗透率上看，生产性服务业数字化发展更为迅猛。据中国信息通信研究院测算，2016—2022 年，生产性服务业数字经济渗透率持续提升，从 29.8% 提升至 48.2%，生活性服务业数字经济渗透率从 21.2% 提升至 31.3%，前者年均增速远高于后者，如图 9-3 所示。

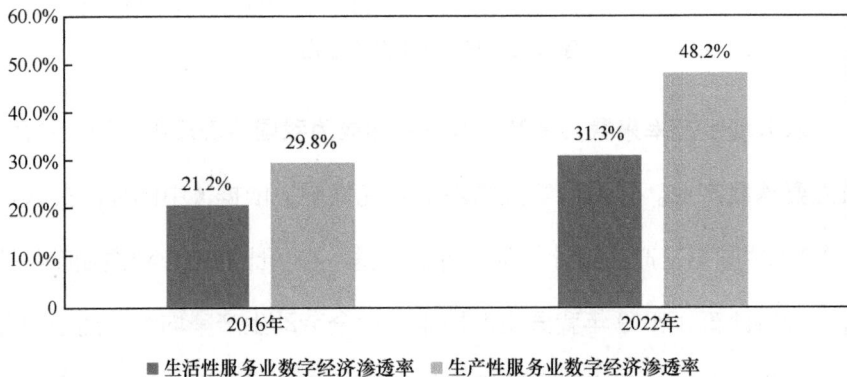

来源：国家统计局，亚洲开发银行，中国信息通信研究院

图 9-3 细分服务业数字经济渗透情况

相关研究结果表明，无论是劳动生产率，还是数字经济渗透率，服务于第二产业的生产性服务业都是改善我国经济"鲍莫尔病"承压的关键产业，而其降低生产成本、提升生产效率的背后，数字技术发挥了不可磨灭的作用。

4. 数字化转型提升生产性服务业劳动生产率的路径机制

数字技术以"全链路"形式从供给侧到需求侧帮助生产性服务业劳

1 王庆芳.产业结构调整对农民工收入增长的影响——基于行业异质性的视角[J].劳动经济研究,2024,12（03）:117-143.

动生产率提升，破解经济发展客观规律造成的服务业"鲍莫尔病"。

在供给侧，一方面，数字技术将有效提升工业企业研发能力。首先，大数据技术使工业企业能够实时收集和分析大量数据。这些数据来自生产设备、市场反馈、客户需求等，企业可以通过数据分析找到潜在的市场机会和技术挑战。例如，通过分析用户反馈和产品性能数据，企业能够快速识别产品问题，并在研发阶段及时调整产品设计，从而缩短产品上市时间。其次，人工智能在研发中能够发挥关键作用。AI驱动的算法可以进行复杂的模拟和优化，帮助研发团队在产品设计阶段预测产品的性能和质量。这种预测能力不仅提高了产品研发效率，还降低了研发成本。例如，人工智能可以为材料选择和结构设计提供最佳方案，避免了传统方法中的试错过程，这在以前可能需要耗费数月时间。此外，物联网技术的应用，允许企业实时监控设备状态和生产流程。这不仅提升了生产效率，还为产品研发提供了重要的实时反馈。通过连接设备和传感器，企业可以获取实时数据，使用这些数据进行深入分析，从而改善设计和实施阶段的决策。云计算的普及也为研发提供了更高的灵活性和可扩展性。企业可以快速建立和解构研发平台，实现资源的动态分配。这为跨地域的团队协作提供了便利，使得全球化的研发项目能够更加高效地进行。开发人员可以随时随地访问所需的计算资源和数据，提高了工作效率。最后，数字技术还促进了开放式创新模式。企业可以与外部研究机构、大学和其他合作伙伴进行紧密合作，共享资源和知识，快速推进研发项目。这种合作不仅加快了创新速度，还大幅度提升了技术的多样性。

在供给侧，另一方面，数字技术将有效突破生产性服务业规模经济困境。首先，数字技术使得生产性服务业能够提升服务即时性。以人工智能为例，通过数据分析，企业能够精确识别市场需求的变化，迅速作出响应。自动化的客户服务系统能够比传统的人工客服更快地处理客户咨询问题，缩短服务时间，增加服务次数。其次，数字化平台的出现改变了传统的业务模式。共享经济和平台经济的兴起，使得生产性服务业能够打破地域限制，实现资源重组匹配。如跨国就业平台将使专业服务的提供者跨越国界，与全球客户进行合作，提供服务的范围更广。最后，数字技术还促进了团队协作与知识共享。云计算技术的应用使得团队成员即使身处不同地点也能高效协作，通过在线工具实现信息共享和实时沟通，从而加速项目进程和提升创新能力。这种协作模式不仅提高了生产效率，还在一定程度上降低了项目风险与成本，在更大范围内实现规模经济。

在供需匹配方面，数字技术将前所未有地提升供需匹配效率。首先，大数据技术能够分析和挖掘大量的市场信息和消费者行为数据，从而帮助服务提供者更好地了解客户需求。例如，企业可以通过分析客户的历史交易记录和偏好，精准预测其未来需求。这种基于数据的决策支持，使得服务供应商能够及时调整资源配置，以适应市场变化。其次，人工智能的应用使得服务的个性化和自动化成为可能。通过使用机器学习算法，服务提供者可以预判客户需求并提供个性化解决方案。例如，在金融服务领域中，可以利用人工智能分析客户的信用风险，为客户提供量身定制的贷款方案，从而提高匹配效率。再次，区块链技术的引入提高了交易的安全性和透明度。在传统的服务业中，信息的不对称常常导致供需匹配效率低下。而区块链的去中心化和不易篡改特性，使得各方可以实时共享信息，减少信任成本，确保交易的顺利进行。例如，在物流领域中，区块链能够跟踪货物的运输状态，提高供应链的透明度，从而及时响应市场需求变化。最后，云计算技术的普及使得服务供应商能够更高效地管理资源和数据。例如，通过云端平台，企业能够迅速部署和调整服务，提高市场适应能力。

在需求侧，数字技术在有效聚合与增加生产性服务业需求方面发挥着重要作用。首先，数字技术的应用提升了服务的可获得性和可接受性，夯实有效需求扩大基础。随着数字支付、智能化设备的普及，消费者能够以更低的成本和更高的便利性获取服务。这种转变吸引了更多消费者参与市场，增强了整体有效需求。其次，信息不对称的削弱将激发有效需求。即随着互联网和大数据技术的发展，市场参与者能够迅速获取相关信息，市场活力得到极大增强，更多潜在需求得以催生。再次，数字技术推动了服务的个性化与定制化，将启发更多有效需求。通过数据分析，企业可以深入了解客户的偏好和需求，从而提供更具针对性的服务。这种高度定制化的服务不仅提高了客户满意度，还吸引了更多潜在消费者。此外，消费者在享受个性化服务的过程中，也会更愿意进行消费，从而扩大了生产性服务业的有效需求。最后，数字技术促成了服务模式的创新，推动了新兴商业模式的形成。例如，云计算和移动互联网的应用使得传统服务行业能够实现线上线下的融合，催生了共享经济、首发经济、按需服务等新型商业模式。这些模式打破了以往的消费限制，提供了更为灵活和便捷的服务选择，满足了更多人、更多商业形态的需求。

（四）制造业转型升级释放产业发展新动能

产业转型升级是新质生产力发展的三大动力之一，产业数字化扩展传统生产力的效率边界，是新质生产力赋能产业焕新的主要表现，数字技术与传统产业融合渗透，使传统产业的生产技术、生产工艺、生产流程、生产方式发生变革，让企业的资源配置、组织管理和市场运营等发生质的转变，为新质生产力提供价值实现场景。

1. 制造业数字化转型升级进程提速提质

当前，我国经济已经进入"总量增长缓慢、产业结构深度调整"时期，如前文所述，从高速增长阶段向高质量发展阶段转变，传统产业的数字化、智能化转型进程进一步加速。

制造业数字化、智能化转型进入新阶段，提"智"增效成果显著。 数字技术正与工业全要素、全价值链深度融合，重塑研发、生产、销售、服务等每个环节及相关价值链，并推动研发与制造、生产与服务、供给和需求深度集成，催生出大规模个性化定制、产品全生命周期管理、网络协同制造、远程运维服务、云平台等新型制造模式，带来了全新的发展空间和价值。**一方面，数字技术加速赋能传统产业，实现技术改造升级。数字技术和产业供给水平大幅提升。** 云计算、大数据等技术创新能力位于世界第一梯队，工业机器人、工业软件等数字产品和服务能力不断提升，人工智能企业数量超过 4500 家，钢铁、石化、锂电池等领域系统集成能力达到国际先进水平，底盘一体化压铸、电芯精密制造、光伏组件柔性装配解决方案取得突破，初步形成全链条数字技术和产业体系。**工业互联网、智慧车间、智慧仓储等加快实现传统产业技术改造升级。**截至 2024 年 9 月，我国"灯塔工厂"总数达 72 家，占全球"灯塔工厂"总数的 42%，我国培育了 421 家国家级智能制造示范工厂，我国已建成万余家省级数字化车间和智能工厂。工业和信息化部对 209 个示范标杆工厂调研显示，在智能化改造后，工厂产品研发周期缩短 20.7%，生产效率提升 34.8%，产品不良品率降低 27.4%。**大数据、人工智能等技术驱动制造业实现业务创新。**人工智能在电子信息、汽车、钢铁等行业的研发、生产、管理全环节中得到广泛应用，形成上百种应用模式，有效提高了生产率。人工智能等技术赋能实体经济，应用于无人机、语音识别、图像识别、智能机器人、智能汽车、智能音箱、可穿戴设备、虚拟现实等领域中，助力制造业向信息化与智能化发展方向演进，进一步促进产业转型升级，为经济高质量发展注入强劲动力。例如，大模型深度赋能垂直行业和前沿领域趋势越发凸显，截至 2024 年 7 月 30 日，全国范围内已有 197 项生成式人工智能服务通过网信办备案审核，行业大模型占比近 70%，大模型"造车"、"大模型＋机器人"等新模式新业态涌现。**另一方面，制造业重点行业转型降本增效成效显著。**截至 2024 年 6 月底，我国制造业重点领域数字化水平加快提升，规模以上工业企业关键工序数控化率、数字化研发设计工具普及率分别达到 64.9% 和 83.1%，分别是 2012 年的 2.8 倍和 1.7 倍。大飞机、新能源汽车、高速动车组等领域示范工厂研制周期平均缩短近 30%、生产效率同步提升约 30%；钢铁、建材、民爆等领域示范工厂本质安全水平大幅提升，碳排放量减少约 12%。例如，海尔青岛中德滚筒洗衣机互联工厂通过数字化改造实现智能冲压精度提升 10 倍、快速换型效率提升 100%、AI 视觉检测质量提升 30%、噪声下降 50%、环节用人量从 16 人下降到 2 人等成效，显著提升制造质量水平。**智能制造引领产业提质升级**，当前，我国智能制造过程的柔性和敏捷的程度达到更高水平，显著提升了制造业对外部日益增加的不确定性和多样多变需求的响应速度。例如，上海诺雅克高端电器智能工厂围绕高端低压电器生产过程智能化、企业提质增效和战略转型需求布局智能制造场景，已实现全流程数据可视化，生产数据自动采集率和关键装备数控化率均超 90%；东方电机建成行业首个定子冲片绿色"无人车间"，实现人均产出提升 620%，叠片效率提升 18%，完全取消人工辅助整形环节，实现叠片过程的无人化。

专栏3 "数字原生"驱动形成高效率工业转型新范式

"数字原生"企业指天生具备"数字基因"，从诞生之刻就将数字理念、文化、思维、技术融入企业生产经营的各个环节，商业模式和核心价值均依赖于数字技术的应用和创新的新兴企业。这类企业天生就具备"分布式、高敏捷、开放化、慧创新"的数字优先特征。

分布式：将新一代信息技术与分布式控制方法、产品结构和组织管理模式相结合，打破企业、地域边界，实现设计、生产、消费等各个环节的分布式协同创新。

高敏捷：通过传感器、物联网、大数据、人工智能等数字技术对各环节数据实时采集分析，实现对前端市场需求变化、产线设备状态变化、生产制造流程的敏锐感知和快速决策。

开放化：将自身能力以开放协议、开放平台、开放实验室、开源代码等方式进行开放共享，吸引产业链上下游企业加入生态、协同创新。

慧创新：将"智慧创新"的文化深度融入企业基因，积极与其他产业链协同，推动"工业＋服务业""工业＋农业"等跨产业的场景融合，实现跨行业、跨产业的全新赛道开拓。

"数字原生"企业基于"数字原生"理念，形成了一套适配数字时代的设计、制造、销售方式，是数字技术与实体经济深度融合的典型代表和全新范式，能够实现远超传统企业从设计到投产的效率和企业增值速度，为传统企业多层面效率提升，创造更大收益提供范式参考。

2. 传统企业成为数字化转型的活跃主体

传统企业作为经济活动的基本单位，其发展水平决定着数字经济发展的内生动力和活力，是开展数字化转型的重要主体。拥抱数字经济、推动数字化转型已经成为企业提升综合竞争力、实现高质量发展的必然选择。

一是数字经济企业布局完善，人才、基础设施等成为企业数字化转

型的重要抓手。当今时代，传统企业的战略重心正逐步转移到如何打造持久的数字经济竞争优势上。**数字化战略落地推进呈全局变革特征**。传统企业充分认识到数字经济发展的重要性、复杂性和艰巨性，由企业高层牵头，调动资金、人才、设备等系列资源，持续为企业数字化转型配置资源成为大型数字经济企业发展的主要路径。据中国信息通信研究院调研，约有 59.3% 的传统企业将数字化转型作为"一把手工程"，对数字化战略的执行力度加大。**数字化转型着力点呈现人才、基础设施建设共同推进的"软硬结合"特征**。随着数字技术与企业传统业务的深度融合，数字时代的企业对基础设施数字化水平及劳动者数字技能与素养的要求不断提升。调研数据显示，分别有 47.2% 和 46.0% 的传统企业为数字基础设施建设和数字人才提供战略支持，数字化基础设施与数字人才成为大型企业发展数字经济的底座和发动机。

二是产业数字化企业充分利用平台，提质增效成果显著。**拥抱产业物联网，激发数字化运营的强大动力**。产业物联网拥有多样和海量的连接对象，可用数字化方式连接和统筹工厂车间、实体产品、厂内员工、企业各部门和各流程。传统企业业务多、生产经营流程复杂，对数字化连接需求较高，依托技术和平台优势，可以实现人、设备、产品、服务等要素和资源的相互识别、实时联通，提升全链条资源配置效率。例如，三一重工建立的全球工厂控制中心（FCC）通过"根云"工业互联网平台，在生产端连接了 18 个产业园、8200 多台生产设备、10 多万种物料，构建了工程机械行业规模最大的"互联工厂"；在用户端连接了全球超 50 万台工程机械装备及全国 1400 多个服务中心、6000 余辆服务车和 240

多个维修中心，将设备故障类型、所需维修工具、配件等信息与服务工程师终端和后台技术专家远距离实时同步，及时提供服务。再如，联想LeMES系统以工业物联网平台为基础，采用"业务建模＋微服务架构＋中台组织"的形式来满足小批量、多品种、短交期、个性化的生产需求。在其深圳工厂的5000多个订单中，90%的订单根据客户需求定制，并在一条流水线上完成，订单与订单之间无缝衔接，实现了高度柔性化生产。

注重开发与利用数据资源，指导企业生产经营。如今，数据已经成为企业不可或缺的战略资产。从"经验决策"转向"数据决策"是大型数字经济企业发展的重要趋势。据调研，我国已有超四成（41.3%）大型企业基于数据进行决策，31.7%的企业应用数据分析结果指导研发生产和经营管理。具体来看，诸多大企业已经将数据与生产经营结合，提升企业生产效率。例如，徐工信息的Xrea平台，具有机械制造领域非常大的连接范围，并由此产生海量相关流程数据。目前，Xrea平台累计接入设备超45万台，连接数据种类超7000种，接入设备种类超1000种，覆盖全球20多个国家。作为国内快速崛起的乘用车企业，吉利通过物联网平台实现了工厂各项数据的实时获取与传递，几乎所有生产现场的信号、程序都可以实时反馈到监控室里面，让监控室能实时地对生产现场环境进行监控。

三是数字经济企业发挥强大辐射作用，持续完善行业数字化生态发展。头部传统企业是产业创新发展的牵头力量，可利用龙头企业的管理、技术、供应链和产业优势，赋能产业链并培育数字化生态，提升产业链上下游协同效率。**企业服务行业发展和效率提升的产业生态加速形成。**

工业和信息化部在《工业互联网专项工作组 2024 年工作计划》中提出，加强大中小企业融通发展，带动中小企业应用工业互联网。当前，"大型企业建平台、中小企业上云上平台"已成为数字化转型的业内共识。行业龙头企业致力成为平台化企业，朝着"平台＋生态"模式发展。例如，华润集团打造安全可控的自研 IaaS 云平台，同时为企业提供 PaaS、SaaS 产品与服务；打造云门户，完善的组织架构体系、计量计费体系，让云服务随需取用；搭建一站式 DevOps 平台，高效管理研发全流程。基于华润云数字化中台，在多个行业进行大量数字化应用建设，覆盖领域十分广泛。**以大企业为核心，形成产业链上下游联动**。头部传统企业为各方创新提供市场和要素供给，通过引入投融资资金、形成产业创新生态圈等方式，构建基于全员、全要素、全产业链的运营体系和生态组织，实现业务赋能、管理赋能、员工赋能和生态赋能，带动产业链上下游企业共同发展、攻关创新。例如，百度自动驾驶平台对外开源核心软件架构与算法，与多个领域创新企业合作，形成包含芯片、车联网、数据处理、人工智能、传感器、平台服务等的创新自动驾驶网络。

生产关系篇

4

▷ 第十章

新质生产力以制度适应性变革为必要支撑

（一）生产力与生产关系的基本关系

在马克思主义政治经济学中，生产力和生产关系是两个至关重要的概念，它们共同构成了社会经济结构的基础，并推动着社会的发展和变迁。深入理解这两者之间的基本关系，对于我们认识社会经济现象、指导社会实践具有重要意义。

生产力是指人类在生产过程中所运用的一切物质力量和精神力量的总和，是人与自然之间进行物质交换的能力。 生产力涵盖劳动者、劳动资料和劳动对象三大要素，以及将这些要素有机结合起来的科学技术和管理方式。劳动者是具有一定生产经验、劳动技能和知识的人，他们运用劳动资料作用于劳动对象，进行生产实践活动。劳动资料则包括生产工具、生产场所、道路、运河等劳动过程中所必需的物质条件，其中最重要的是生产工具，它是生产力发展水平的客观尺度。劳动对象则是劳动者在生产过程中所加工的物质资料，它从一个侧面反映和体现了生产力的发展水平。

生产关系则是指人们在物质资料的生产过程中所形成的社会关系，是生产方式的社会形式。 主要包括生产资料所有制形式、人们在生产中的地位和相互关系、产品的分配形式3个方面。生产资料所有制形式是生产关系的基础，它决定了人们在生产中的地位和相互关系，也决定了产品的分配形式。生产关系是社会关系中最基本的关系，它支配和制约着其他社会关系，如政治关系、家庭关系、宗教关系等。

在马克思主义政治经济学中，生产关系和生产力之间存在着相互依存、相互作用的密切关系。这种关系构成了人类社会发展的基本规律。

生产力决定生产关系。首先，生产力决定生产关系的性质和发展方向。生产力的发展水平决定了生产关系的具体形式和内容。在不同的生产力发展阶段，生产关系的性质是不同的。例如，在原始社会，由于生产力水平低下，人们只能共同创造、平均分配劳动成果，形成了原始公有制生产关系。随着生产力的发展，出现了私有制生产关系，并在不同历史阶段呈现出不同的形态。其次，生产力的发展决定生产关系的变革。当生产力发展到一定程度时，原有的生产关系就会成为生产力发展的桎梏，需要进行变革以适应新的生产力发展水平。生产关系的变革是生产力发展的必然要求，也是人类社会历史发展的必然趋势。例如，封建社会的生产关系在资本主义生产关系出现后逐渐瓦解，就是因为资本主义生产关系的出现和发展使得封建社会的生产关系无法适应新的生产力发展水平。

生产关系反作用于生产力。生产关系对生产力具有能动的反作用，主要表现在两个方面：一方面，当生产关系满足生产力发展的客观要求时，它会促进生产力的发展。例如，在资本主义社会初期，由于资本主义生产关系适应了当时的生产力发展水平，使得资本主义生产力在短时间内得到了迅速发展。在这个时期，资本主义生产关系为生产力的发展

131

提供了广阔的空间和有力的支持。另一方面，当生产关系不满足生产力发展的客观要求时，它就会阻碍生产力的发展。例如，在封建社会末期，由于封建社会的生产关系已经无法适应当时生产力的发展水平，所以成为了生产力发展的桎梏。此时，封建社会的生产关系的存在不仅无法促进生产力的发展，反而会成为生产力发展的阻碍。

历史经验为描述生产力和生产关系之间的基本关系提供了鲜活的例子。根据历史统计数据，可以发现生产关系和生产力之间的密切关系。例如，在工业革命时期，随着蒸汽机、纺织机等新生产工具的发明和应用，生产力发展水平得到了极大的提高。这种生产力发展水平的提高推动了生产关系的变革，如上文所述，使得资本主义生产关系逐渐取代了封建社会的生产关系。在这个过程中，可以看到生产力的发展水平直接决定了生产关系的变革方向和速度。此外，以我国改革开放以来的实践为例，也可以说明生产关系和生产力之间的基本关系。在改革开放初期，我国采用的是计划经济体制下的生产关系模式。然而，随着生产力的不断发展和社会经济条件的不断变化，原有的生产关系模式逐渐无法适应新的生产力发展水平。为了推动生产力的发展和社会进步，我国进行了改革开放的伟大实践。通过调整和优化生产关系模式，如实行家庭联产承包责任制、引入市场机制等，我国成功地推动了生产力的快速发展和社会的全面进步。这个案例充分说明了生产关系对生产力的反作用及生产关系和生产力之间的相互作用关系。

因此，在实践中，应根据生产力的发展水平不断调整和优化生产关系，以适应新的生产力发展需求，推动社会全面进步和发展。

（二）新型生产关系的形成与特征

在全球化与信息化交织的今天，生产力的飞速发展不仅推动了经济结构的深刻变革，还促使生产关系不断变化。随着信息技术的迅猛发展，特别是互联网、人工智能、大数据等新兴技术的应用，生产力得到了极大提升。多方面的变化对传统生产关系提出了新的挑战，促使新型生产关系的形成和发展。本部分内容旨在深入探讨新型生产关系的形成背景、形成过程、主要特征及其对经济社会的深远影响，并结合具体案例和数据进行分析。

1. 新型生产关系的形成背景

生产力的发展。随着新一代信息技术、先进制造技术、新材料技术等领域的突破，生产力实现了质的飞跃。智能化、自动化装备逐渐取代传统工具，成为生产中的主力军。这种生产力的提升，不仅提高了生产效率，也改变了生产方式，为新型生产关系的形成提供了物质基础。

经济结构的变革。在全球化背景下，国际分工与合作日益加深，经济结构发生深刻变革。传统产业不断转型升级，新兴产业蓬勃兴起。这种经济结构的变革，要求生产关系必须适应新的生产力发展需求，生产关系须进行相应的调整和优化。

制度环境的改善。全面深化改革的推进，为新型生产关系的形成提供了制度保障。市场化、法治化、国际化的制度环境不断完善，为生产要素的自由流动和高效配置创造了有利条件。同时，政府也加大了对科技创新和产业升级的支持力度，为新型生产关系的形成注入了强大动力。

2. 新型生产关系的形成过程

数字化与信息化推动生产关系转型。 数字化和信息化是新型生产关系形成的重要驱动力。数字技术的普及改变了传统的生产组织形式和劳动分工方式，打破了时空限制，实现了信息的高效传递和共享。在这一过程中，企业不再仅依赖于传统的物质资本和劳动力，而是更加依赖于信息、知识和数据等新型生产要素。例如，互联网平台企业通过建立数字化平台，实现了生产资源的优化配置和信息的高效对接。在这种模式下，企业与劳动者、消费者之间的关系发生了根本性变化，传统的线性供应链逐渐被动态的网络化供应链所取代，生产关系的形式和内涵也随之发生了变化。

平台经济的崛起与劳动关系的重构。 平台经济的崛起是新型生产关系形成的另一个重要标志。平台经济指通过互联网技术搭建起数字化交易平台，连接供需两端，实现供需两端高效对接的一种经济模式，平台经济还扮演协调者的角色。在这种经济模式下，传统的雇佣关系逐渐被基于平台的合作关系取代，劳动者不再是单一企业的雇员，而是成为了平台上的"自由职业者"或"独立合作者"。以滴滴出行为例，滴滴出行平台对乘客与司机进行高效匹配，司机通过提供出行服务获得报酬，而滴滴出行平台则从中抽取一定比例的佣金。在这种模式下，司机不再是企业的雇员，而是作为独立劳动者，通过平台提供服务并获取收益。平台经济的崛起重构了劳动关系，传统的劳动合同、社会保障体系等都面临新的挑战。

人工智能与自动化对生产关系的影响。 人工智能和自动化技术的广泛应用进一步加速了新型生产关系的形成。这些技术在提高生产效率、降低成本的同时，也改变了传统的劳动分工和就业结构。许多低技能、重复性的工作逐渐被机器取代，劳动者的角色发生了转变。以制造业为例，智能制造系统的应用使得生产过程更加自动化，生产线上的工人数量大幅减少，而对专业技术人员和工程师的需求增加。工厂不再依赖于大量的劳动力，而是依赖于少量高技能的技术人才。这种变化不仅影响了劳动者的就业形式，也重新定义了劳动者与企业之间的关系。

3. 新型生产关系的主要特征

生产要素的多元化与灵活化。在新型生产关系中，生产要素的内涵与形式发生了深刻变化。传统的生产要素主要包括土地、资本、劳动力等，而在新型生产关系下，知识、技术、数据等成为新的核心生产要素。这些新要素的引入使得生产关系变得更加复杂和多元化。同时，生产要素的流动性和灵活性也得到了极大提升。数字技术使得知识、数据等生产要素可以在全球范围内快速流动，从而实现资源的优化配置。例如，云计算技术使得企业可以根据需求灵活调整计算资源的分配，大幅提高了生产效率和灵活性。

生产组织形式的网络化与扁平化。新型生产关系的另一个显著特征是生产组织形式的网络化和扁平化。在传统的生产关系中，企业的组织结构通常是等级分明的金字塔形，信息传递和决策过程较为缓慢。而在新型生产关系中，企业组织结构逐渐呈现出网络化和扁平化的特征，层级减少，决策过程更加高效。以阿里巴巴集团为例，阿里巴巴集团通过构建数字化的商业生态系统，将供应商、制造商、分销商、消费者等不同主体连接在一起，形成了一个庞大的商业网络。在这个网络中，各个节点之间相互依存、协同合作，共同推动生产和服务的高效运作。

劳动关系的灵活性与不稳定性并存。随着平台经济的发展，劳动关系呈现出更加灵活但也更不稳定的特征。新型劳动关系往往不再依赖于传统的劳动合同，而是以项目制、合作制、自由职业等形式存在。劳动者可以根据个人需求灵活选择工作时间和工作内容，但同时也面临着收入不稳定、缺乏社会保障等问题。例如，滴滴司机作为平台上的独立劳动者，可以自由选择工作时间和接单数量，但其收入与工作量直接挂钩，缺乏传统劳动者的社会保障。这种灵活性与不稳定性并存的劳动关系对社会保障体系提出了新的挑战。

数据驱动的生产决策与价值分配。在新型生产关系中，数据成为核心的生产要素和决策依据。企业通过收集、分析大量数据，优化生产流程、精准匹配市场需求，从而提高生产效率和产品质量。与此同时，数据的控制与使用权也成为价值分配的重要依据。以亚马逊公司为例，亚马逊公司通过其平台积累了大量的用户行为数据和市场需求数据，并基于这些数据进行精准营销、库存管理和供应链优化。在这种模式下，数据的控制权直接影响企业的市场竞争力和盈利能力。数据驱动的生产决策与价值分配不仅改变了企业的运营方式，也重新定义了生产关系中的价值分配机制。

技术与资本的高度融合。在新型生产关系中，技术与资本之间的关系变得更加紧密。在传统生产关系中，资本主要体现在对物质生产资料和资金的控制上，而在新型生产关系中，技术尤其是信息技术和数字技术，成为资本增值的重要工具。风险投资在这一过程中扮演着重要角色。例如，硅谷的风险投资模式通过注入资本支持初创企业的技术研发和市场拓展，从而推动了大量高科技企业的快速成长。技术与资本的高度融合不仅加速了创新，也改变了生产关系的权力结构，资本与技术的持有者在生产关系中占据了更为主导的地位。

（三）新型生产关系反作用于新质生产力的机理

习近平总书记在中共中央政治局第十一次集体学习时强调，"生产关系必须与生产力发展要求相适应。发展新质生产力，必须进一步全面深化改革，形成与之相适应的新型生产关系。"发展新质生产力，需要各个领域的综合配套改革，在重点领域和关键环节率先突破、大胆创新，形成有利于新质生产力发展壮大的体制机制，激活和放大政策红利，为新质生产力发展提供适宜的制度环境。

1.产业内组织形态变革降低交易费用，奠定新质生产力活力释放基础

组织形态变革是工业革命颠覆性影响的重要表现。例如，第一次工业革命时期出现了严格科层结构、高度分工的现代企业，并逐步替代了手工工厂；第二次工业革命时期，垂直一体化的现代大企业成为工业化和经济增长的核心力量；第三次工业革命的组织形态变革更加多元，开放式、外包式、分散式等成为新的实践形式。数字时代伴随着组织形态变革，为发展新质生产力夯实了组织基础。

一是数字平台成为生产组织的新方向。数字平台汇聚海量用户、数据、资源和能力，成为数字时代最具活力、成长力的组织。过去20多年，消费领域数字平台数量增长迅猛，成长出众多超级巨头，深刻影响人们的生活消费方式，成为服务领域资源配置、利益分配和产业治理的重要枢纽。近

些年工业数字平台迅速崛起，对工业生产的影响日益增大，全球工业互联网平台行业市场规模持续增长，据 IoT Analytics 统计，近几年平台行业市场规模复合年均增长率约为 32%，总体呈现良好发展态势。更重要的是，数字平台改变了产业协作方式，大量企业以平台为纽带开展互补合作，实现互利共赢，从而推动现代产业从封闭的纵向产业生态体系成长为以平台为中心的开放型产业生态体系，协同效率得到显著提升，先进生产力作用持续释放。

二是产业链由链结网。 在数字技术的赋能下，产业链中同类型企业间的横向关系正由以往的全面竞争转变为竞合共存，从而推动产业链间、同一产业不同企业间的结网协同，这不仅使得工业协同可以从企业内扩展到产业链整体，甚至扩展到全部产业，带来效率的全面提升，还使得整个产业体系因网络化备份而更具有韧性，可以更好地抵御外部风险和冲击。例如，传统汽车产业的供应链为"链"式或"金字塔"式，从整车厂到一级、二级、三级供应商层层递进，行业秩序分明。近几年，随着汽车产业的内涵和外延不断丰富，汽车供应链正在演化为多主体参与、专业分工更加融合的网状结构。整车厂需与一级、二级供应商及以外的供应商打交道，要深入产品设计的源头，甚至深入供应链最上游展开合作，网状或者环状结构的生态成为新汽车产业链的格局。

三是价值链重构与融合。 数字技术通过自动化等方式显著提升制造效率，有利于拓展制造环节的利润空间。数字技术还推动了制造环节与市场需求更精准、实时对接，使得产品大规模定制成为可能，显著提升产品价值和最终效率效益。更重要的是，数字技术与制造环节的 Know-how、工艺等深度融合，推动工业知识更快迭代、积累和创新，提升了制造的复杂度、精细度和不可替代性，使得制造环节对企业获得和保持核心竞争力的影响日益增大。这些机制正在逐步改变制造环节"利润低、价值低、可替代性强、对竞争优势影响小"等传统规律，推动价值曲线由"微笑曲线"向"沉默曲线"转变，如图 10-1 所示。例如，西门子 SNC 新工厂将产能提高近 2 倍，生产效率提高 20%，柔性生产能力提升 30%，产品上市时间缩短近 20%，空间利用率提升 40%，物料流转效率提高 50%。同时，数字技术推动"制造 + 研发"一体化，"产品 + 服务"等融合化发展，有力地促进制造企业向研发、服务等价值链更高端环节延伸，从而改变产业体系、竞争规律和商业模式，为新质生产力发展创造更多可能性。例如，苏州金龙客车公司推出 G-BOS 在商用车智慧运营系统，依靠强大的数据系统，提供远程安全驾驶、油耗管理、远程故障报警系统、视频监控、车线匹配、云检测等服务。

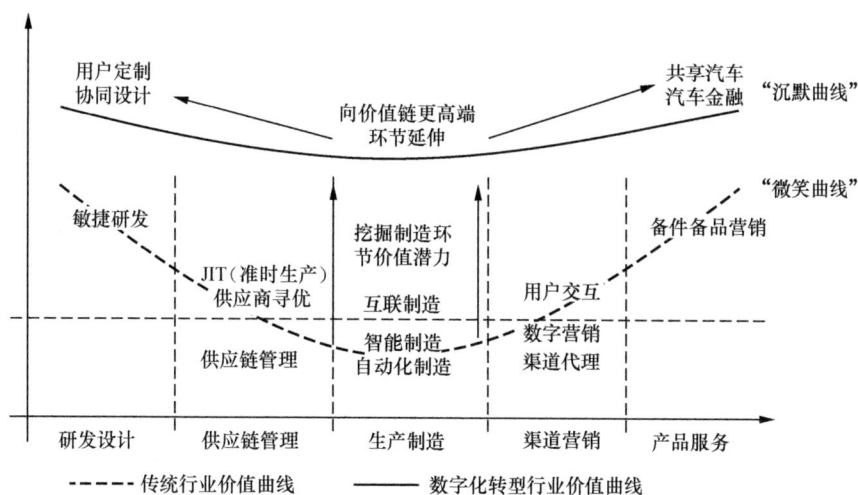

来源：中国信息通信研究院整理

图 10-1 数字化推动价值曲线从"微笑曲线"走向"沉默曲线"

2. 产业间分工方式创新拓展生产可能性边界，创造新质生产力培育空间

分工是推动人类社会进步的重要因素之一。人类社会的三次大分工诞生了三次产业的雏形，第一次大分工使得畜牧业与农业相分离，第二次大分工使得手工业与农业相分离，第三次大分工使得商业从农业和手工业中分离出来。伴随着技术的进步与应用，三次产业又在社会经济形态的更替中由分工、分化到互动融合。当前，技术创新与融合应用，进一步驱动产业深度融合，推动产业间分工方式变革，可以实现在一定的资源与技术约束下，进行要素资源配置的优化和生产能力的提高，使得生产可能性边界得以拓展，成为新质生产力诞生的又一来源。

一是产业边界模糊化。制造业与服务业在互动中逐渐走向融合。制造业的数字化、绿色化发展趋势愈发明显，研发设计、物流配送、产品营销、电子商务、金融服务、战略咨询等专业化生产服务和中介服务在工业化发展过程中发挥着越来越重要的作用，制造业与服务业之间的边界呈现出模糊化趋势，制造业打造和培育新质生产力的方式得以拓展。**从投入结构看，**在制造业中间投入中，服务"成分"所占的比重不断增加，市场知识、产品设计、物流、管理、营销等知识密集型新质生产要素，对制造业价值增值的影响日益增加，进而影响到一国经济增长。例如，信息传输、计算机服务和软件等生产性服务在制造业中间投入中的占比持续提高。根据最新的投入产出表测算，信息传输、计算机服务和软件在我国制造业中间投入中的占比由 2010 年

的 0.48% 提升至 2020 年的 0.71%，而同期钢铁、有色金属等制造产品在制造业中间投入中的占比则由 12.77% 下降至 10.37%。**从产出结构看**，制造业逐渐将服务作为进行个性化竞争、差异化竞争、获取全球价值链高端竞争力和高端分工收益的主要方式，产品服务化成为制造业新质生产力的重要表现形式。例如，特斯拉将智能电动汽车视同手机终端，在其之上搭载自动驾驶软件和导航、娱乐等车联网服务，软件和服务成为特斯拉除售卖汽车外的主要收入来源，据摩根士丹利预测，未来汽车价值构成中的 60% 将由软件和服务主导。**从就业结构看**，制造业生产环节大量使用智能装备替代劳动力，使得制造业环节的劳动力需求减少，制造业主要就业群体将是为制造业提供服务支持的专业人士，低技能生产工人对产业发展的重要性下降，高技能专业服务人员的重要性进一步提升，这就使得对服务型高技能劳动力等新质生产要素的需求更加旺盛。例如，首钢股份一、二期部署的 15 个机器人分布于财务、制造、销售、采购等多个业务场景中，参与了 44 个业务流程，这些机器人每年预计将自动运行 20448 余次，可帮助员工节省 20661 小时，年节约人力赋值近 180 万元。

二是产业集群虚拟化。基于特定地理范围的产业集群，其特定地理范围极大地影响着产业的空间布局及竞争优势。信息通信、网络平台等数字技术的应用普及，推动产业集群的范围、内容和形式快速变化，传统产业集群的空间局限正被逐渐突破，并形成依赖网络平台跨空域、跨时域、跨地域连接的虚拟产业集群，这也成为新质生产力的重要内容。相对于传统产业集群，虚拟产业集群中的企业对市场和技术变化更为敏感，可以在较短时间内以较低成本整合各种资源，具有很强的开放性与很高的灵活度。这一新的资源配置方式会在很大程度上影响产业内部及产业组织形式，众多中小企业会借助虚拟产业集群突破资源困境，以低制造成本快速推出新产品，从而获得成长。例如，致景科技面向纱线、织布、印染等纺织全流程汇聚产能打造一体化生产调度平台，依托平台为纺织企业匹配下游企业订单，并提供纱线、棉花等原料集采，基于订单牵引能力带动了超 5000 家中小企业数字化转型。

3. 改革开放深化降低制度性交易成本，创造新质生产力发展良好环境

制度性交易成本是政府与市场二者在资源配置过程中所产生的"公共性制度摩擦力"，是既有的主体、行为与公共性制度之间的"摩擦成本"。降低制度性交易成本，便是通过构建和完善一种资源配置成本最小化与收益最大化的公共性制度，降低我国经济治理机制的成本，保证经济发展中的有效制度供给，优化政府和市场二者之间的关系。降低制度性交易成本的本质就是以重塑政府和市场关系为核心，以深化改革开放为着力点来构建"有效市场""有为政府"，真正为经济高质量发展服务，目的是发挥市场在资源配置中的决定性作用和更好地发挥政府作用。更深层次改革、更高水平开放，为经济发展注入持续动力、拓宽发展空间，也为创造和挖掘新质生产力提供了优质环境。

一是现代市场体系建设进一步解放和发展新质生产力。超大规模国内市场是我国经济发展的强大底气。建设现代市场体系就是要通过现代化的市场供求体系、市场竞争体系和市场调节体系等的构建，为市场在资源配置中发挥决定性作用、实现各类商品要素畅通流动提供体制机制保障。现代化的市场供求体系是以合理化的市场规制行为规范市场供给方与需求方之间的理性诉求，以制度供给推动产品供给现代化，平衡供需两侧；现代化的市场竞争体系是通过规范市场竞争主体的行为，保证要素的自由流动，确保市场环境的法治化、有序化和竞争化；现代化的市场调节体系是要实现政府干预与市场自我调节之间的优势互补，让二者发挥应有的作用。这些是深化改革的必然要求，也是释放生产力发展潜力的关键所在。近年来，我国在深化改革、降低制度性交易成本方面进行了大量尝试，取得了显著成效，但仍存在诸多亟待破解的制度卡点。例如，根据相关政策，自研软件产品按13%税率征收增值税后，对其增值税实际税负超过3%的部分实行即征即退政策。这一政策实施的关键前提是对软件产品的认定。为此，工业和信息化部强化简政放权，将原有复杂烦琐、耗时较长的软件产品认定工作简化为以软件著作权证书为唯一认定标准，大大降低制度性交易成本。再如，在递延纳税政策方面，技术要素入股的企业可以选择采用5年分期纳税的方式减轻企业税费负担，但对于数据要素入股的企业是否适用相关政策尚无说明，相关的制度性交易成本在一定程度上不利于鼓励人工智能等企业发展。

二是现代化的政府治理体系为发展新质生产力提供重要保障。市场的持续健康发展离不开政府的引导、规制、激励和服务职能的发挥。这就要求政府不断进行改革，构建适应新时代要求的政府治理体系。我国政府架构与职能优化不断创新，权力清单、负面清单、责任清单制度等不断落实，"放管服"改革持续推进，现代化的机构职能体系已经逐渐建立，政府的治理能力不断提升、治理体系不断优化。同时，我国依法行政的政府治理体系建设不断在法治建设框架下深化，由抽象的法治理念走向了具象化制度建设，这些都为培育和壮大新质生产力提供了坚强的制度保障。例如，在推动数字化发展方面，国内数字化治理的"四梁八柱"基本形成，我国在网络信息服务、网络安全保护、网络社会管理等方面不断完善立法，基本形成覆盖安全保障、用户权益和公平竞争等多方面的法律制度体系，治理工具和手段不断丰富完善。

三是制度型开放经济新体制推动新质生产力向"两个市场""两种资源"拓展。我国对外开放体制机制建设过程是不断走向全面开放的过程。改革开放以来，我国对外开放逐步实现从区域开放，到融入世界经济体系，再到形成全面开放新格局的发展。2018年12月召开的中央经济工作会议明确提出要向制度型开放转变。这一论断说明以有效制度供给推动制度型开放，是新时代中国特色社会主义对外开放的主要目标。我国对外开放正在摆脱器物层面上的局限，逐渐把重点转向制度层面的转型升级。制度型开放是以规则开放为中心，兼顾器物层面的开放，以更好更深更广的开放格局推动制度革新。我国制度型开放已经取得一定进展，例如，2023年12月，国务院印发《全面对接国际高标准经贸规则推进中国（上海）自由贸易试验区高水平制度型开放总体方案》，围绕7个方面提出 80 条开放措施，进一步加大压力测试力度，试点主动对接高标准规则、规制、管理、标准，率先构建与之相衔接的制度体系和监管模式。通过开展深层次改革创新，为推进国内重点领域改革、进一步释放新质生产力的发展潜力，持续探索新路径。但同时，部分关键领域的制度型开放进程依然缓慢，相关制度性交易成本仍然很高。

▷ 第十一章
数字经济政策体系支撑新型生产关系

习近平总书记在中共中央政治局第十一次集体学习时强调，"要深化经济体制、科技体制等改革，着力打通束缚新质生产力发展的堵点卡点，建立高标准市场体系，创新生产要素配置方式，让各类先进优质生产要素向发展新质生产力顺畅流动。"这一重要论述为我们深刻把握新质生产力及与之相适应的新型生产关系提供了科学指引和根本遵循。

伴随着数字技术从一种通用目的技术，向经济社会各领域的融合渗透，**我国数字经济政策的着力点经历了 3 个发展阶段**。第一阶段为 2015 年以前，政策主要着力于**信息通信技术的发展和迭代演进**，相继出台了《关于推进物联网有序健康发展的指导意见》《"宽带中国"战略及实施方案》《关于促进信息消费扩大内需的若干意见》《关于促进云计算创新发展培育信息产业新业态的意见》等。第二阶段是 2015—2017 年，数字经济政策重在促进**信息通信技术与经济社会各领域的深度融合**，这个阶段出台了《关于大力推进大众创业万众创新若干政策措施的意见》《国务院关于积极推进"互联网＋"行动的指导意见》等。自 2017 年以来，进入第三阶段，我国数字经济政策重在推动以数据为关键要素的**经济社会发展新形态**，也就是数字经济，这个阶段提出了《关于深化"互联网＋先进制造业"发展工业互联网的指导意见》《关于创新管理优化服务 培育壮大经济发展新动能 加快新旧动能接续转换的意见》《数字中国建设整体布局规划》等。

（一）加强数字经济顶层设计

党和国家更加高度重视数字经济发展。党的十八大以来，以习近平同志为核心的党中央高度重视发展数字经济，将其上升为国家战略。习近平总书记多次发表重要讲话，深刻阐述了数字经济发展的趋势和规律，科学回答了为什么要发展数字经济、怎样发展数字经济的重大理论和实践问题，为我国数字经济发展指明了前进方向、提供了根本遵循。2022 年 12 月，习近平总书记在中央经济工作会议上再次强调"要大力发展数字经济"。数字经济在《政府工作报告》中的地位也不断提升，从 2017 年第一次提出"促进数字经济加快成长"，到 2022 年将"促进数字经济发展"单独成段，再到 2024 年"深入推进数字经济创新发展""加快发展新质生产力"，《政府工作报告》对"数字经济"的表述不断强化，持续释放大力发展数字经济的积极政策信号。

顶层战略布局和协调机制持续完善。在习近平总书记关于网络强国的重要思想指引下，我国数字经济顶层战略规划体系渐趋完备。2021 年 3 月，《中华人民共和国国民经济和社会发展第十四个五年规划和 2035 年远景目标纲要》将"打造数字经济新优势"作为一章专门列出，明确提出加快数字化发展，建设数字中国。2021 年 12 月，印发《"十四五"数字经济发展规划》，从国家层面作出整体性部署，着力构建推动数字经济发展的"四梁八柱"。2023 年 2 月，出台《数字中国建设整体布局规划》，提出了新时代数字中国建设的整体战略，明确了建设数字中国是数字时代推进中国式现代化的重要引擎，是构筑国家竞争新优势的有力支撑。数字经济发展统筹协调机制持续完善。2022 年 7 月，国务院批准建立由国家发展和改革委员会牵头、中央网络安全和信息化委员会办公室、工业和信息化部等 20 个部委组成的数字经济发展部际联席会议制度。2023 年 10 月，国家数据局正式挂牌成立，强化国家层面数字经济战略实施的统筹协调。

（二）布局新型基础设施建设

系统布局新型基础设施建设。 新型基础设施是实施创新驱动发展战略，推动经济社会高质量发展的重要支撑。2018 年 12 月中央经济工作会议首次提出，"加快 5G 商用步伐，加强人工智能、工业互联网、物联网等新型基础设施建设"。2023 年 1 月，习近平总书记在中共中央政治局第二次集体学习时强调，适度超前部署新型基础设施建设。2021 年，《中华人民共和国国民经济和社会发展第十四个五年规划和 2035 年远景目标纲要》明确将新型基础设施作为我国现代化基础设施体系的重要组成部分，指出"统筹推进传统基础设施和新型基础设施建设，打造系统完备、高效实用、智能绿色、安全可靠的现代化基础设施体系。"并密集出台《工业互联网创新发展行动计划（2021—2023 年）》《关于加快推动区块链技术应用和产业发展的指导意见》《5G 应用"扬帆"行动计划（2021—2023 年）》《物联网新型基础设施建设三年行动计划（2021—2023 年）》

等一系列政策对新型基础设施建设重点领域作出部署。2022 年 12 月出台的《扩大内需战略规划纲要（2022—2035 年）》从加快建设信息基础设施、全面发展融合基础设施、前瞻布局创新基础设施等方面系统布局新型基础设施。2023 年 1 月，国家发展和改革委员会在新闻发布会上表示，将会同有关方面进一步加力支持新型基础设施建设，引导支持社会资本加大相关领域投入。2024 年 8 月，工业和信息化部等 11 部门印发《关于推动新型信息基础设施协调发展有关事项的通知》，推动新型信息基础设施跨区域、跨网络、跨行业协同建设。

"东数西算"工程稳步推进。作为继"西气东输"工程、"西电东送"工程、"南水北调"工程后又一项国家重要战略工程，"东数西算"工程通过构建数据中心、云计算、大数据一体化的新型算力网络体系，将东部算力需求有序引导到西部，有助于解决我国东西部算力资源供需不均衡的问题。2021 年 5 月，国家发展和改革委员会、中央网络安全和信息化委员会办公室、工业和信息化部、国家能源局联合印发《全国一体化大数据中心协同创新体系算力枢纽实施方案》，明确提出布局全国算力网络国家枢纽节点，启动实施"东数西算"工程，构建国家算力网络体系。同年 7 月，《新型数据中心发展三年行动计划（2021—2023 年）》分阶段制定了新型数据中心发展目标，提出了新型数据中心建设布局优化行动、网络质量升级行动、算力提升赋能行动、产业链稳固增强行动、绿色低碳发展行动、安全可靠保障行动共 6 个专项行动，着力推动新型数据中心发展。2022 年 1 月，《"十四五"数字经济发展规划》提出要加快构建算力、算法、数据、应用资源协同的全国一体化大数据中心体系，加快实施

"东数西算"工程。同年 2 月，国家发展和改革委员会、中央网络安全和信息化委员会办公室、工业和信息化部、国家能源局联合印发通知，同意在京津冀、长三角、粤港澳大湾区、成渝、内蒙古、贵州、甘肃、宁夏启动建设国家算力枢纽节点，并规划了 10 个国家数据中心集群。截至 2024 年 6 月，"东数西算"八大国家枢纽节点机架总规模超过 195 万架，整体上架率达 63% 左右，中卫、庆阳等西部数据中心集群的机架上架率超过 80%。智能算力供给能力显著提升，复合年均增长率高达 33.9%，贵安数据中心集群智算卡达到 7.6 万张，宁夏中卫建成"万卡级"智算基地，甘肃庆阳、内蒙古和林格尔等地加快推动智算布局优化升级。算力调度取得新成效，通信运营商及南京信息高铁、思特奇、算力互联等企业积极探索算力调度新模式，贵州枢纽节点调度平台纳管的总算力规模达到 32.59 EFLOPS，接入 33 个算力服务商、401 个算力需求方，累计交易额达 27.31 亿元。

（三）深入推进数实深度融合

促进数字技术和实体经济深度融合。数字技术与实体经济融合发展，能够形成叠加效应、聚合效应、倍增效应。习近平总书记指出，"要促进数字技术与实体经济深度融合，赋能传统产业转型升级，催生新产业新业态新模式，不断做强做优做大我国数字经济"。自 2021 年以来，我国在顶层设计中不断强化数实融合的重要地位。《中华人民共和国国民经济和社会发展第十四个五年规划和 2035 年远景目标纲要》将"加快数字化发展 建设数字中国"单独成篇，强调要"充分发挥海量数据和丰富应用场景优势，促进数字技术与实体经济深度融合，赋能传统产业转型升级，催生新产业新业态新模式，壮大经济发展新引擎"。《"十四五"数字经济发展规划》以数字技术与实体经济深度融合为主线，协同推进数字产业化和产业数字化。信息化与工业化深度融合是数实融合发展的重点领域。《"十四五"智能制造发展规划》以新一代信息技术与先进制造技术深度融合为主线，深入实施智能制造工程，着力提升创新能力、供给能力、支撑能力和应用水平，加快构建智能制造发展生态，持续推进制造业数字化转型、网络化协同、智能化升级。

从消费互联网向产业互联网全面深化。过去十余年，我国消费互联网取得了举世瞩目的成绩，消费行为高度数字化，数字化创新应用和商业模式不断涌现。随着消费互联网红利的逐渐减退，产业互联网已蓄势待发，以5G、云计算、人工智能等为代表的新信息技术，开始加速渗透企业的研发设计、生产制造、供应链管理、客户服务等各个环节。现阶段，产业互联网已成为我国推进数字化转型、加快高质量发展的有力抓手。《"十四五"数字经济发展规划》提出，大力推进产业数字化转型。推动产业互联网融通应用，培育供应链金融、服务型制造等融通发展模式，以数字技术促进产业融合发展。

全力破解中小企业数字化转型难题。工业和信息化部等各部委从路径方法和服务平台双向发力，助力中小企业数字化转型。**一是推出"指标+指南"，明确中小企业数字化转型路径和方法。**2022年10月，工业和信息化部发布《中小企业数字化水平评测指标（2022年版）》，从数字化基础、经营、管理、成效4个维度综合评估中小企业数字化发展水平，为中小企业开展自我诊断、找准问题不足提供工具参考，并将评测指标作为专精特新企业认定标准中的数字化水平评价依据。同年 11 月，印发《中小企业数字化转型指南》，从增强企业转型能力、提升转型供给水平、加大转型政策支持 3 方面提出了 14 条具体举措。2024 年 9 月，工业和信息化部办公厅发布《中小企业数字化水平评测指标（2024 年版）》，为中小企业提供了更加清晰明确的数字化水平评测和转型指引工具。**二是通过数字化服务平台和数字化服务节打造数字化转型样板**。2022 年 8 月，工业和信息化部会同财政部印发《关于开展财政支持中小企业数字化转型试点工作的通知》，计划在"十四五"期间围绕 100 个细分行业，支持 300 个左右中小企业数字化转型公共服务平台，打造 4000～6000 家"小灯塔"企业作为数字化转型样本。同月，工业和信息化部启动为期 1 个月的"全国中小企业数字化服务节"活动，从技术、经验、渠道、资本等维度为中小企业数字化转型赋能，该活动共服务机构超过 6000 家，受益中小企业超过 60 万家。

以数字经济产业集群为抓手驱动数字化转型。党中央提出"打造具有国际竞争力的数字产业集群""打造世界级数字经济产业集群"，数字经济产业集群建设迎来热潮，工业和信息化部等相关部委立足职责加快重点领域集群建设，各地纷纷发力打造数字经济产业集群品牌。**传统制造业产业集群**引入工业互联网平台等专业型数字化解决方案提供商，政府、企业、平台、机构等多元主体协同发力，实现整个产业集群的数字化转型，以数据支撑打通产业集群产业链、供应链，增强产业集群内企业关联，塑造产业集群竞争新优势。从关键环节来看，聚焦整个产业集群全方位、全环节的数字化转型，包括研发环节数字化转型、采购环节数字化转型、管理环节数字化转型、生产环节数字化转型、销售环节数字化转型、服务环节数字化转型。从参与主体来看，多元主体协同发力促进产业集群转型，政府部门通过专项政策支持工业数字化转型，产业集群内大中小型企业积极开展数字化改造，平台、企业等服务商提供全套技术解决方案，促进机构通过项目制促进数字化转型交流合作。**跨域产业集群**以数字化平台、供应链、技术标准、产业园区为"聚集核"，形成基于数字化平台的跨域产业集群、基于供应链的跨域产业集群、基于技术标准的跨域产业集群、基于产业园区的跨域产业集群等代表性跨域产业集群。

（四）提升数字经济治理能力

加强数字政府建设，赋能提升治理效能。党中央深入把握我国数字经济发展的阶段性特征，将加强数字政府建设作为创新政府治理理念和方式、形成数字治理新格局、推进国家治理体系和治理能力现代化的重要举措。2019 年，党的十九届四中全会首次明确提出"推进数字政府建设"，要求利用信息化手段，提高政府机构履职能力；2020 年党的十九届五中全会正式部署数字政府建设，强调加强数字政府建设；2021 年，《中华人民共和国国民经济和社会发展第十四个五年规划和 2035 年远景目标纲要》将数字政府上升为数字中国建设的"三大支柱"之一，将数字技术广泛应用于政府管理服务，推动政府治理流程再造和模式优化，不断提高决策科学性和服务效率。2022 年 4 月，中央全面深化改革委员会第二十五次会议审议通过《关于加强数字政府建设的指导意见》，要将数字技术广泛应用于政府管理服务，推进政府治理流程优化、模式创新和履职能力提升，构建数字化、智能化的政府运行新形态，就全面开创数字政府建设新局面作出部署。同年9月印发《全国一体化政务大数据体系建设指南》，提出加强数据汇聚融合、共享开放和开发利用，积极开展政务大数据体系相关体制机制和应用服务创新。此后相继发布《关于扩大政务服务"跨省通办"范围进一步提升服务效能的意见》《国务院办公厅关于加快推进"一件事一次办"打造政务服务升级版的指导意见》等文件，推行政务服务集成化办理，打造政务服务升级版，提升政务服务标准化、规范化、便利化水平，为推进国家治理体系和治理能力现代化提供有力支撑。

推进城市全域数字化转型。智慧城市是释放数字经济活力、促进数字经济创新发展的关键载体。习近平总书记在上海考察时指出，"在城市规划和执行上坚持一张蓝图绘到底，加快城市数字化转型"。2024年5月14日，国家发展和改革委员会、国家数据局等部门对外发布《关于深化智慧城市发展推进城市全域数字化转型的指导意见》，顺应数字时代新趋势和数字技术新变革，深刻理解数字化和城市发展规律，提出"整体性重塑智慧城市技术架构、系统性变革城市管理流程、一体化推动产城深度融合"战略思路，从"全领域推进城市数字化转型、全方位增强城市数字化转型支撑、全过程优化城市数字化转型生态"3个方面着力推进城市全域数字化转型。从短期看，城市全域数字化转型有利于数据要素价值充分释放，促进数字经济健康发展；有利于加快培育数字经济新质生产力，拉动投资、培育消费、带动就业。从长期看，也能更好地服务城市高质量发展、高效能治理、高品质生活，全面推进中国式现代化城市建设。

弥合数字鸿沟促进数字经济普惠共享。数字经济有利于加快生产要素高效流动、推动优质资源共享、推进基本公共服务均等化，是推动实现共同富裕的重要力量。**国家层面，**2024 年 1 月，国家发展和改革委员会、国家数据局联合印发《数字经济促进共同富裕实施方案》指出，通过数字化手段促进解决发展不平衡不充分问题，创造普惠公平发展和竞争条件，推进全体人民共享数字时代发展红利，助力在高质量发展中实现共同富裕。《关于加强数字政府建设的指导意见》指出，推动数字普惠，加大对欠发达地区数字政府建设的支持力度，加强对农村地区资金、技术、人才等方面的支持，扩大数字基础设施覆盖范围，优化数字公共产品供给，加快消除区域间"数字鸿沟"。**群体层面，**2020 年 9 月，工业和信息化部联合和中国残疾人联合会联合印发《关于推进信息无障碍的指导意见》，聚焦老年人、残疾人、偏远地区居民、文化差异人群等信息无障碍重点受益群体，着重消除信息消费资费、终端设备、服务与应用等三方面障碍，增强产品服务供给，补齐信息普惠短板。同年 11 月，国务院办公厅印发《关于切实解决老年人运用智能技术困难的实施方案》，就老年人在运用智能技术的过程中遇到的痛点、难点问题，提出具体解决方案。工业和信息化部从互联网应用适老化及无障碍改造着手，此后先后印发《互联网应用适老化及无障碍改造专项行动方案》《工业和信息化部关于进一步抓好互联网应用适老化及无障碍改造专项行动实施工作的通知》，部署开展为期一年的互联网应用适老化及无障碍改造专项行动，聚焦老年人和残疾人群体的特定需求，重点推动与老年人、残疾人基本生活密切相关的网站、手机 App 的适老化改造。2024年 3 月，交通运输部印发《2024 年适老化无障碍交通出行服务扩面提质增效工作方案》，进一步提升适老化无障碍交通出行服务，不断满足广大老年人、残疾人安全、平等、舒适、便捷的出行服务需要。

（五）加快构建现代化市场体系

供给侧加快构建数据基础制度体系。数据基础制度建设事关国家发展和安全大局。习近平总书记指出，"构建以数据为关键要素的数字经济"。自党的十九届四中全会首次将数据增列为生产要素以来，我国发布多项政策文件，围绕数据要素发展谋篇布局。2020 年 4 月，《关于构建更加完善的要素市场化配置体制机制的意见》明确将数据列为五大生产要素之一，首次提出培育数据要素市场。2022 年 1 月，《"十四五"数字经济发展规划》将数据要素单独成篇，以培育数据要素市场作为突破口，从数据要素市场供给端的数据质量提升，数据要素市场需求端的数据开发利用机制创新，以市场为核心促进数据流通三个方面着力，提出了体系化的政策举措。同月，《要素市场化配置综合改革试点总体方案》进一步围绕"探索建立数据要素流通规则"布局数据要素市场化配置改革。2022 年，4 月，中央布局全国统一大市场建设，数据市场作为其中一部分，需要建立健全数据安全、权利保护、跨境传输管理、交易流通、开放共享、安全认证等基础制度和标准规范，深入开展数据资源调查，推动数据资源开发利用。2022 年 12 月，《中共中央 国务院关于构建数据基础制度更好发挥数据要素作用的意见》（简称"数据二十条"）发布，提出加快构建数据基础制度体系，从数据产权制度、数据要素流通和交易制度、数据要素收益分配制度、数据要素治理制度等方面提出具体要求。2023 年 12 月，国家数据局发布《"数据要素 ×"三年行动计划（2024—2026 年）》，旨在通过发挥我国超大规模市场、海量数据资源和丰富应用场景等多重优势，推动数据要素与劳动力、资本等要素协同，实现数据流引领技术、资金、人才、物资的流动。2023 年 12 月，财政部印发《关于加强数据资产管理的指导意见》，明确了数据的资产属性，提出依法合规推动数据资产化，平等保护各类主体数据资产合法权益，鼓励公共服务机构将依法合规持有或控制的、具有资产属性的公共数据资源纳入资产管理范畴，进一步创新数据资产管理方式方法，加强数据资产全流程管理，严防数据资产价值应用风险等，更好地促进数字经济高质量发展。2024 年 1 月，国务院国有资产监督管理委员会发布《关于优化中央企业资产评估管理有关事项的通知》，确认数据资产可以作价出资入股，结合财政部针对数据资产入表和管理所颁布的政策文件，数据资产作为非货币资产出资入股已具备法律支撑。温州、北京先后出台地方工作方案，支持探索数据作价入股等数据资产多元化价值流通路径。2024 年 10 月 8 日，国家发展和改革委员会等部门印发《国家数据标准体系建设指南》，其中，提出到 2026 年底，我国将基本建成国家数据标准体系。10 月 9 日，中共中央办公厅、国务院办公厅发布《关于加快公共数据资源开发利用的意见》，明确了两个阶段性目标，即到 2025 年，公共数据资源开发利用制度规则初步建立，重点行业、地区公共数据资源开发利用取得明显成效；到 2030 年，公共数据资源开发利用制度规则更加成熟，资源开发利用体系全面建成，公共数据在赋能实体经济、扩大消费需求等中的要素作用充分发挥。

需求侧提振消费挖掘国内市场潜力。总需求不足是当前经济运行面临的突出矛盾。信息消费作为我国增长迅速、创新活跃、辐射广泛的消费领域，成为市场扩内需的关键动力。2022 年 4 月，国务院办公厅印发《关于进一步释放消费潜力促进消费持续恢复的意见》，强调要创新消费业态和模式，加快线上线下消费有机融合，扩大升级信息消费。2022 年 8 月，工业和信息化部组织遴选 151 个新型信息消费示范项目，探索形成了一批发展前景好、示范效应强的标杆项目和发展模式。2022 年 12 月，中央经济工作会议指出，要把恢复和扩大消费摆在优先位置。各部门积极采取措施，增强消费能力、改善消费条件、创新消费场景、充分激发消费市场潜力。如春节假期，浙江、广东等省份多个城市通过发放消费券，餐饮堂食消费同比增速均达到两位数。同月印发《扩大内需战略规划纲要（2022—2035 年）》，提出支持线上线下商品消费融合发展，促进共享经济等消费新业态发展，加快培育新型消费业态。2023 年 1 月，习近平总书记在中央政治局第二次集体学习时进一步强调，坚决贯彻落实扩大内需战略规划纲要，尽快形成完整内需体系。2024 年 8 月，国务院印发《关于促进服务消费高质量发展的意见》，优化和扩大服务供给，释放服务消费潜力，更好地满足人民群众个性化、多样化、品质化服务消费需求，包括培育壮大数字消费等新型消费。

▷第十二章
数字经济推动新型国际经贸合作与治理变革

数字经济日益融入经济社会发展各领域全过程，深刻影响全球要素资源、经济结构、规则治理，推动国际经贸关系升级与重塑。

（一）经济全球化发展进入新的阶段

伴随着科技和产业变革，国际生产贸易网络逐渐形成、发展与变迁，先后形成了以传统贸易、价值链贸易为代表的两轮全球化，以及现在正在开启的以数字贸易为代表的新一轮全球化，3轮全球化比较如表12-1所示。

表 12-1　3 轮全球化比较

发展阶段		第1轮 传统贸易	第2轮 价值链贸易	第3轮 数字贸易
方式		实地考察、面对面沟通、实物运输、海关监管		贸易全流程数字化、部分服务可以数字交付
对象	货物	最终产品	中间产品	小额商品、部分商品转变为数字服务形态
	服务	以运输服务、旅游服务为主	其他类型服务贸易、离岸服务外包兴起	部分传统服务转变为数字服务形态、新兴数字服务快速发展
	数据	较少		数据贸易出现和发展、跨境数据动的经济影响增大
规则		市场准入	贸易便利化、国内规则、边境后非关税措施（NTMs）	数据流动、数字链接、可互操作性

来源：中国信息通信研究院

159

第 1 轮全球化，国际贸易相对集中于最终产品贸易。随着人类社会生产力水平的提升，生产和消费开始分离，人们通过销售手中多余的产品获得来货币收益，再进一步地购买所需的其他产品，从而实现消费水平的提升，并导致交易乃至贸易活动开始出现和发展。特别是航海能力的提升，贸易的运输成本极大减少，地理范围极大扩张，使得传统贸易活动逐渐由区域贸易拓展至全球贸易，开启了全球贸易时代。由于当时生产、运输和协调处于相对较低水平，全球分工较为简单，贸易的标的大多是最终产品，如原材料、茶叶、工艺品等，表现为"一国生产、全球销售"。在这一阶段中，国际贸易在国民经济中的重要性逐渐增强，货物贸易在 GDP 中所占比重由最初不足 1% 逐渐上升至 20%。

第 2 轮全球化，中间产品贸易在国际贸易中的占比大幅提升。随着技术产业的进一步发展，出现了飞机、汽车、计算机、手机等更复杂的产品，由单一国家独立完成复杂产品生产的难度越来越大，从原材料获取、技术开发应用、规模化生产等角度来看，国家独立生产都变得不再经济。此外，运输和通信的成本不断降低，企业间协同变得更加容易。在此背景下，"一国生产"转变为"多国生产"，跨国企业开始对全球进行更广泛的布局，将原本由自身独立完成的研发、生产和管理等环节进行更细化的切分，通过对外投资、中间品贸易、离岸服务外包等方式与海外企业进行合作。由于价值链贸易的快速发展，近几十年来，全球制造业中间品贸易占比逐渐上升超过 70%。

第 3 轮全球化，国际贸易呈现出更多的数字化特征。国际贸易活动从物理空间延伸至数字空间，推动了线上线下、生产消费、货物服务、内贸外贸的相互融合。国际贸易各领域正面临深刻变革，以往耗时、费力、成本高昂的市场调研、海外营销、撮合交易、物流仓储等环节正因为数字技术的应用而得到改善和优化；以往主要是大额的商品贸易，现在则出现了跨境电商的小额商品贸易，以及可数字化交付的服务贸易；以往贸易规则主要聚焦于与线下贸易相关的关税和非关税壁垒，现在则更多地开始讨论线上线下贸易交汇、纯线上贸易等领域的规则，如数字贸易便利化、数据跨境流动、可互操作性、数字市场开放等。

（二）新型生产要素跨国流转活跃

在经济全球化背景下，具有数字化特征的新型劳动对象、新型劳动工具、新型劳动者等新质生产力要素在不同国家间流转扩散，为更深度的国际经贸合作创造了有利条件。

1. 全球跨境数据流动规模增速保持在高位

进入 21 世纪以来，全球跨境数据流动规模持续快速增长。数据流动带动信息流动，牵引资本、技术、人才等要素在不同国家间有序流转，促进货物贸易、服务贸易便利化，推动社交媒体、搜索引擎等新商业模式的国际化发展。如图 12-1 所示，2005—2010 年，全球跨境数据流动规模年平均增长速度接近 60%；2011—2019 年，全球跨境数据流动规模年平均增速逐渐下降至 25.3%；2020 年以后，全球跨境数据流动规模增速再次反弹，连续两年超过 30%[1]。

1　参考ITU的做法，通过国际出口带宽来衡量跨境数据流动。

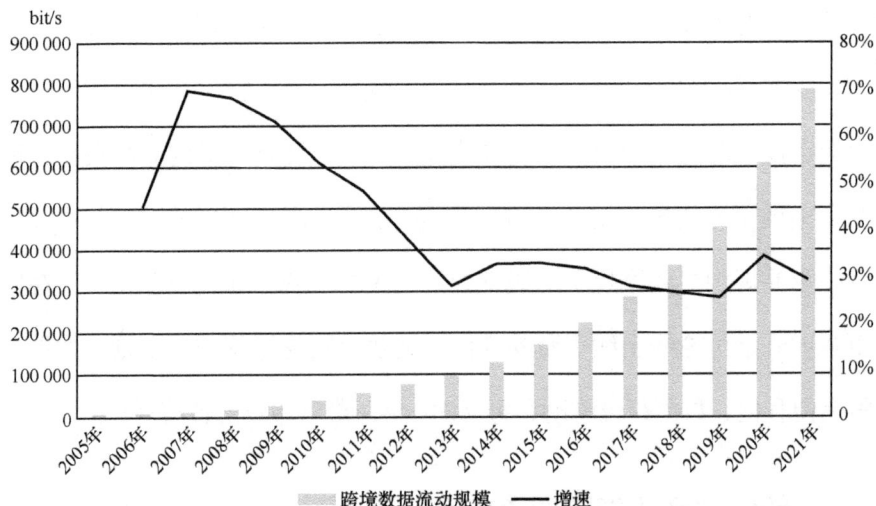

来源：TeleGeography

图 12-1　2005—2021 年全球跨境数据流动规模和增速

全球跨境数据流动保持高速增长受到以下三方面影响：一是国家间数字基础设施建设日益完善，促进了网络空间的互联互通，为跨境数据流动提供了强有力支撑。二是各国对数据流动相关监管治理政策的协调不断加强，越来越多的区域贸易协定（RTA）、自由贸易协定（FTA）开始纳入跨境数据流动条款。例如，《区域全面经济伙伴关系协定》（RCEP）中强调"一缔约方不得阻止涵盖的人为进行商业行为而通过电子方式跨境传输信息。"三是在线办公、在线教育、在线医疗等线上新模式新业态发展，增加了跨国数据流动的需求。

2. 全球经济数字化转型需求旺盛

全球数字化转型加速，通信、计算机、软件等领域的需求旺盛，带动了新型劳动资料的全球流转。如图 12-2 所示，IDC 数据显示 2023 年全球数字化转型支出达到 2.1 万亿美元。预计 2027 年，随着越来越多的企业开始在人员、流程、技术、数据和治理方面推行整体数字化转型战略，全球数字化转型支出将进一步上升至近 4 万亿美元。面对数字化发展浪潮，64% 的企业认为需要建立新的数字商业模式，21% 的企业认为需要利用数字技术赋能其传统商业活动。

数字产品与技术的跨国流动，加快了数字技术的普及应用，促进了全球生产和交易效率的提升。例如，从贸易角度来看，数字技术在流通环节中的应用，推动传统贸易数字化转型，带来成本降低和效率提升；数字技术在研发、生产、管理等环节中的应用，催生出新的服务场景和模式，使得原本不可能贸易的服务变得可以贸易，即原本只能线下交付的服务变为可远程线上交付的服务。

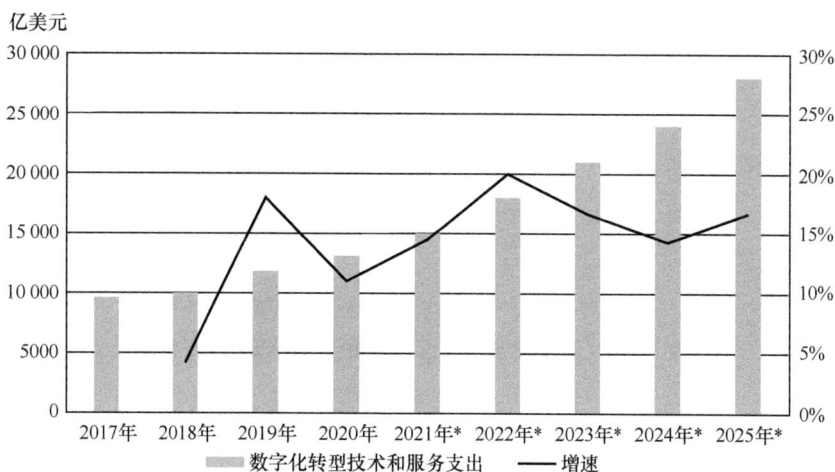

来源：IDC

图 12-2　2017—2025 年数字化转型技术和服务支出的规模和增速

3. 数字跨国企业数量和营收大幅增长

数字跨国企业是新型劳动者的重要载体，伴随着数字企业国际业务的开展，新型劳动者也在面向国际市场输出自己的劳动力。如图12-3所示，近年来，领先数字跨国企业市值排名、营业收入大幅提升，2016—2021年全球排名前100数字跨国企业销售收入增长了158%；年均增速达21%；净收入年均增长23%。全球前100数字跨国企业榜单变化非常频繁，过去5年，多达39家新企业进入榜单，取代其他排名领先或被收购的企业。对发展中国家而言，数字跨国企业的发展壮大是挑战也是机遇。一方面，带来的实物资产和就业机会可能少于传统跨国企业，给发展中国家带来的直接社会经济收益较少；另一方面，促进当地企业发展数字基础设施和电子商务，将加快发展中国家数字经济的发展。

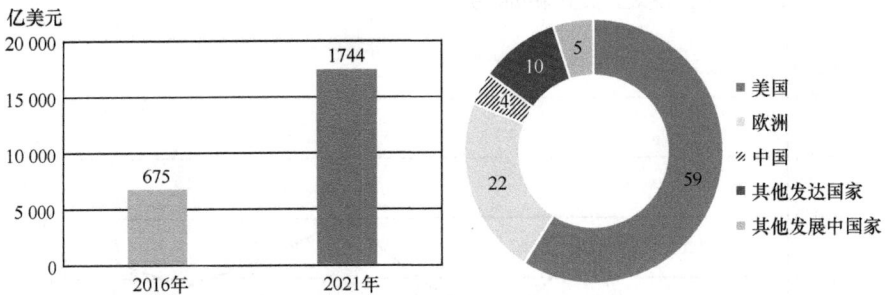

来源：联合国贸易和发展会议（UNCTAD）

图12-3 百强数字跨国企业销售收入和母公司所在地

数字领域独角兽企业数量大幅增长，如图12-4所示。基于CB Insights数据计算显示，2021年新增数字领域独角兽企业达424家，占当年新增独角兽企业的80.0%，超过2021年之前数字领域独角兽企业存量总和。分行业看，金融科技、互联网软件和电子商务领域新增独角兽企业数量领先，分别达到 139 家、119 家、47 家。分国别看，美国、印度、中国新增数字领域独角兽企业的数量领先，分别达到 250 家、29 家、27 家。

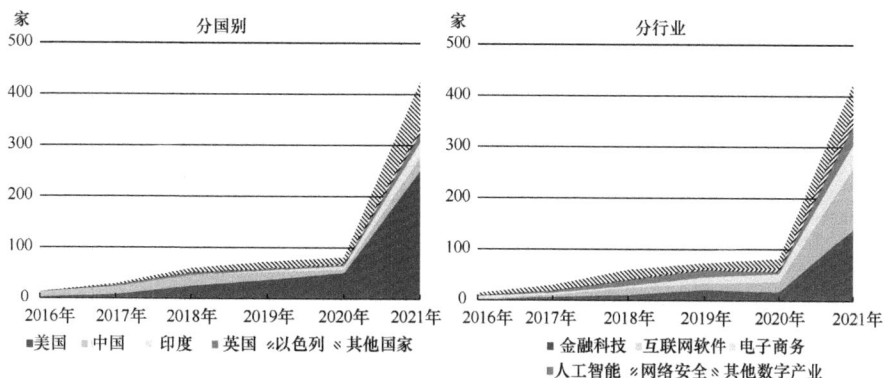

来源：中国信息通信研究院基于CB—Insights数据计算

图 12-4 2016—2021 年分国别和分行业数字领域独角兽企业数量

（三）全球数字经贸持续快速发展

1. 数字服务贸易占比大幅上升

全球数字服务贸易额稳步增长，在服务贸易中占比超过五成。如图 12-5 所示，2022 年全球数字服务贸易额达 38 250.0 亿美元，占服务贸易比重从 2012 年的 40.9% 提升至 2022 年的 53.7%。在全球数字经济蓬勃发展的大背景下，基于数字技术开展的线上研发、设计、生产、交易等活动日益频繁，极大促进了数字服务贸易的发展。

数字服务贸易展现出较强韧性。2019—2022 年，全球数字服务贸易额增长了 36.9%，高于服务贸易额的 12.9% 和货物贸易额的 31.0%，全球贸易的数字化进程大大加快。数字服务贸易在 2019—2021 年的表现可以概括为"韧性－增长－调整"。2019年，全球货物贸易额和服务贸易额双双大幅下滑，但是数字服务贸易额实现了两位数增长。2020年，推动经济社会数字化转型已成为国际社会广泛共识，数字服务贸易额延续了高增长势头。2021年，受多维度宏观经济直接影响，数字服务贸易额增速出现暂时性回调。

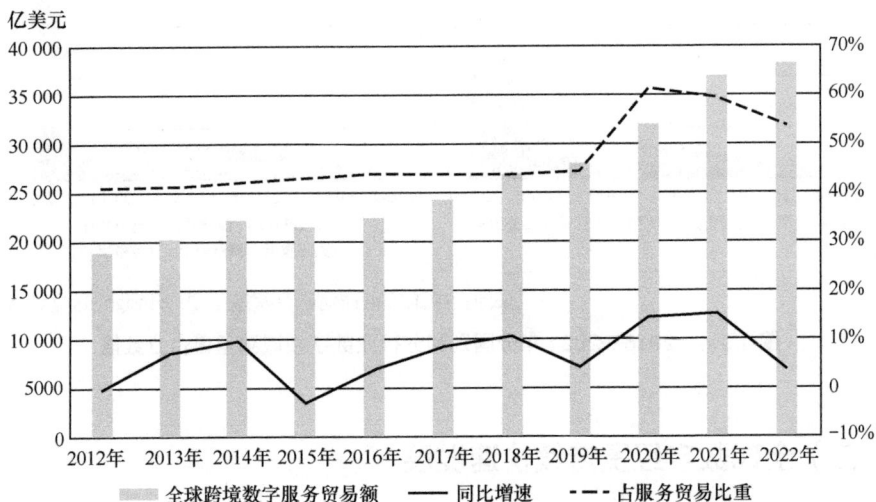

图12-5　2012—2022年全球跨境数字服务贸易额、增速和占比

来源：世界贸易组织（WTO）

信息与通信技术（ICT）服务贸易额在数字服务贸易中增速最高、所占比重提升最大，远超其他领域。2012—2022年，ICT服务贸易额平均增速为9.6%，在数字服务贸易额中的占比从17.2%提升至23.8%。

过去10年是数字化蓬勃发展的10年，移动互联网、云计算、大数据、人工智能、区块链等ICT技术创新活跃，在更广范围、更深层次、更高水平与实体经济融合发展，不断催生新产业新模式新业态，并重点以ICT服务贸易的形式融入国际经贸合作。

2. 跨境电子商务（电商）蓬勃发展

全球跨境电商市场规模持续扩大。 数字技术推动传统货物贸易转型升级，跨境电商平台、智慧物流等新模式新业态，给国际贸易注入了新的活力。如图 12-6 所示，据 Statista 估计，2022 年全球 B2C 电商交易额为 3.57 万亿美元，与 2019 年相比增长超过 60%。跨境电商交易额在多年高速增长后仍能保持较高交易额主要得益于线上化转型发展、消费者支出增长、配套服务改善等。

主要经济体电商发展保持领先。 2022 年分国别 B2C 电商市场收入如图 12-7 所示。**从规模看，** 中国、美国的 B2C 电商交易额依然处于全球领先地位，在全球 B2C 电商交易额中的占比分别达到 37.2%、24.4%，日本、英国、德国、韩国、法国等发达经济体紧随其后。**从增速看，** B2C 电商交易额排名前 10 的经济体中，美国、印度、中国保持正增长，其余 7 个经济体出现负增长，如韩国、德国、法国、英国下降幅度均超过 10%。

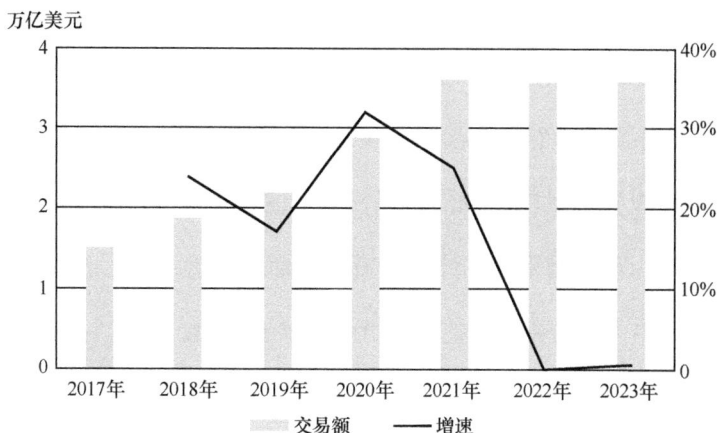

来源：Statista

图 12-6 2019—2022 年全球 B2C 电商交易额及其增长速度

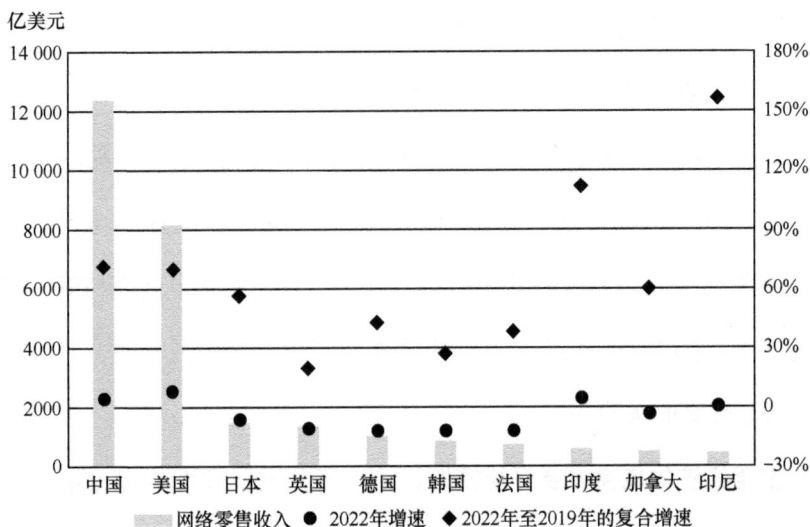

来源：Statista

图 12-7 2022 年分国别 B2C 电商市场收入

3. 数字领域国际投资保持活跃

数字领域投资仍保持较快增长。2020—2022 年主要服务部分绿地投资金额增长速度如图 12-8 所示。**在绿地投资方面，**作为最具代表性的数字服务部门，2022 年信息通信业宣布的绿地投资金额在服务业中排名第二，仅次于能源和天然气供应业，达到 1204.4 亿美元，同比增长 13.6%，与上年相比下降 8.1 个百分点。UNCTAD 报告显示，新冠疫情期间，电商企业绿地投资活动热潮依然明显，但增速有所放缓，项目数量下降了20%；同时，互联网平台的绿地投资也很活跃，价值翻了一番，达到 63亿美元，其中大部分由最大的平台 Alphabet 和 Meta 占据。

在跨境并购方面，如图 12-9 所示，2022 年信息通信业的跨境并购销售额在服务业中排名第一，达到 1657.8 亿美元，同比增长 22.7%，与上年相比下降 45.3 个百分点。UNCTAD 报告显示，以保障国家安全为由的

FDI（外国直接投资）审查呈现扩大化趋势，仅 2022 年就有 16 个国家采取了 24 项与 FDI 审查相关政策措施，大部分侧重于扩大审查范围和增加审查要求，同时因为监管或政治问题而被撤回的价值超过 5000 万美元的并购交易数量增加 1/3（21 笔）。FDI 审查的目的是防范外国投资者购买战略性行业企业的股份和获取最新技术，通信、半导体等行业是审查的重点，导致数字领域并购交易的增速放缓。

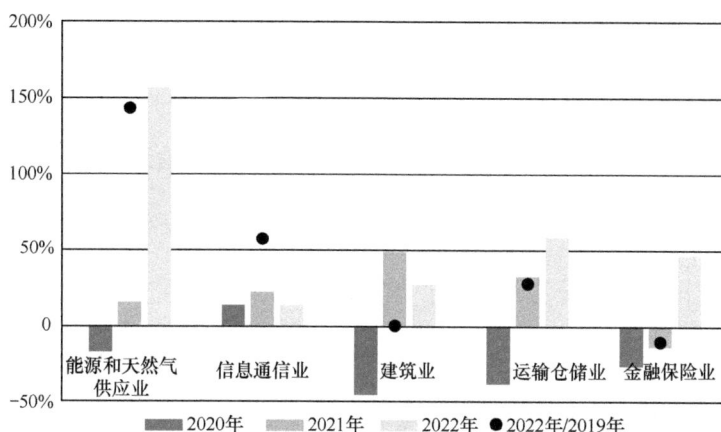

来源：UNCTAD

图 12-8　2020—2022 年主要服务部分绿地投资金额增长速度

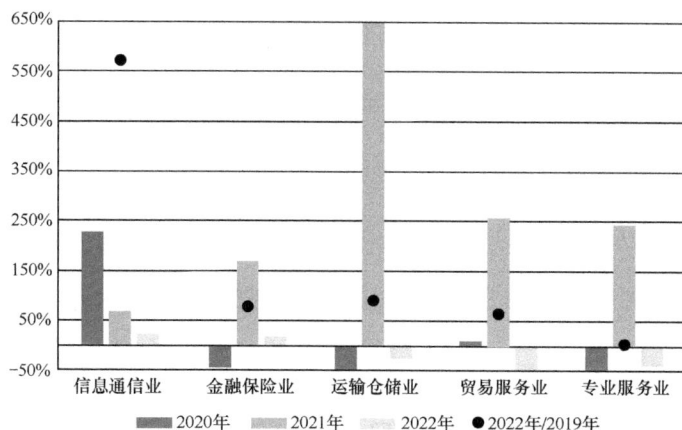

来源：UNCTAD

图 12-9　2020—2022 年主要服务部分跨境并购销售额增长速度

（四）全球经贸治理面临数字化变革影响

1. 全球数字治理的出现

全球数字治理起源于全球数字经济快速发展及由此出现的大量跨国数字经贸活动，主要是指各国共同认识和处理全球性数字问题，围绕数字议题进行沟通协商，最终构建国际数字规则、标准和行为准则的过程。在高度经济全球化的今天，全球数字治理不仅与国家间数字领域国际合作、数字协定签署、数字规则谈判紧密相关，同时也会受到各国国内数字政策法规的影响，特别是受到来自主要经济体的影响。从治理目标看，重点是促进各国在数字领域的互信合作，推动跨国数字经贸活动降低成本、提高效率，拓展国际分工深度和广度，以及防范全球性安全风险。从治理机制看，联合国（UN）、世界贸易组织（WTO）、经济合作与发展组织（OECD）、二十国集团（G20）等传统处理综合性国际事务的多边国际组织仍发挥着积极作用，区域贸易协定成为理念相近国家构建区域性数字治理规则的重要渠道，以及在国际互联网域名与地址管理组织（ICAAN）、互联网治理论坛（IGF）、国际标准化组织（ISO）等国际组织国际性机制的基础上还形成了允许各国政府、私营部门、公民社会、技术社群等"多利益攸关方"参与的治理模式。从治理议题看，主要聚焦数据、数字技术、数字产品、数字服务等的跨境流动或贸易所引发的监管治理问题，如跨境数据自由流动、人工智能伦理、跨国平台监管、数字服务税等。

2. 全球数字治理进入上升阶段

过去 10 年，全球数字治理取得了巨大的进展。一是形成推动数字经贸发展与合作的广泛共识。作为发达国家、新兴市场国家和发展中国家开展合作的重要论坛，早在 2016 年 G20 杭州峰会就提出，将促进成员之间及成员之外的沟通与合作，探讨共同利用数字机遇、应对挑战，促进数字经济推动经济实现包容性增长和发展的路径。二是初步形成美国、欧盟等多种数字治理理念和模式。例如，在跨境数据流动治理上，美国为保持其全球数字市场领导地位，采用了一种市场驱动的方法，支持开放的、互操作、安全的和可靠的互联网，促进在线信息的自由流动；欧盟强调对个人权利、基本价值观的保护，以及实现"数字主权"的战略目标，制定了较为严格的监管规定；此外，中国、印度、俄罗斯等新兴国家也基于本国利益形成了各具特点的监管方式。三是在部分地区、部分领域形成了一定的数字治理规则。区域层面，截至 2021 年底，全球已有约百个区域或双边自贸协定包含数字贸易相关规定，涉及 WTO 2/3 的成员。部分自贸协定中更是纳入数字贸易（或电商）专章，形成更具系统性的规则安排。多边层面，OECD 牵头推动的数字服务税"双支柱"方案和联合国教育、科学及文化组织牵头推动的《人工智能伦理建议书》均取得重大进展，WTO 电商谈判、联合国《全球数字契约》制定等工作也在持续推进。

3. 全球数字治理仍待持续完善

与其他成熟的全球治理领域相比，全球数字治理仍存在诸多问题且面临诸多挑战。一是治理主体参与不充分，发展中国家不仅数字化发展基础较为薄弱，而且数字治理能力和参与相关规则制定意愿也相对不足。例如，在 WTO 电商谈判中，发展中国家的参与率远低于发达国家的参与率，且鲜有提交有实质性内容的提案。二是治理诉求冲突，南北国家分歧难以弥合。发达国家更关注降低壁垒、开放市场、自由贸易等，发展中国家更关注数字能力建设、资金技术援助、中小企业发展等。两类国家利益诉求存在巨大差异，又没有一个能很好平衡各方利益的综合解决方案，使得多边层面各项治理议题的推进阻力巨大。三是治理规则赤字，急剧增长的全球数字治理需求得不到及时满足。由于数字领域议题具有新颖性和复杂性，以及触及国家间复杂的利益冲突，使得政策制定的速度远远慢于议题的产生速度。四是治理碎片化，主要国家治理理念和模式差异导致数字空间的分裂。全球数字治理已成大国博弈的"新赛道"，与地缘政治的相互影响越来越大。在没有达成国际共识的前提下，主要国家为实现数字产业的全球扩张，开始通过区域贸易协定输出各自的数字治理理念，甚至直接打压其他国家企业，导致出现了许多缺乏兼容性和互操作性的区域性数字空间。

成效篇

5

▷ 第十三章
数字经济支撑新质生产力发展的国际经验

（一）数字经济为全球释放发展新动能提供重要支撑

当前，世界百年未有之大变局加速演进，世界之变、时代之变、历史之变正以前所未有的方式展开。同时，逆全球化思潮抬头，国际环境发生深刻变化，世界经济复苏乏力。在此背景下，新一轮科技革命和产业变革为各国带来新的发展机遇，数字经济发展势头仍然较为强劲，发展潜力加快释放，成为推动各国经济复苏的重要力量。为揭示全球数字经济发展动向和态势，本节对全球 51 个主要国家[1]数字经济发展情况进行量化分析。

1. 数字经济加速构筑经济复苏关键支撑

2022 年全球数字经济整体发展情况如图 13-1 所示。**在总量方面，**全球数字经济规模持续扩张。各主要国家纷纷把数字经济作为应对疫情冲击、提升经济发展能力的重要手段，加快发展半导体、人工智能、数字基础设施、电商、电子政务等，全球数字经济迎来新一轮发展热潮。

1　注：51个国家包含爱尔兰、爱沙尼亚、奥地利、澳大利亚、巴西、保加利时、波兰、丹麦、德国、俄罗斯、法国、芬兰、韩国、荷兰、加拿大、捷克、克罗地亚、拉脱维亚、立陶宛、卢森堡、罗马尼亚、马来西亚、美国、墨西哥、南非、挪威、葡萄牙、日本、瑞典、瑞士、塞浦路斯、斯洛伐克、斯洛文尼亚、泰国、土耳其、西班牙、希腊、新加坡、新西兰、匈牙利、意大利、印度、印度尼西亚、英国、越南、中国、菲律宾、沙特阿拉伯、以色列、老挝。

2022 年，全球 51 个主要经济体数字经济规模超过 41.4 万亿美元，上年同比口径规模为 38.6 万亿美元，2022 年较上年增长 2.9 万亿美元，数字经济发展活力持续释放。

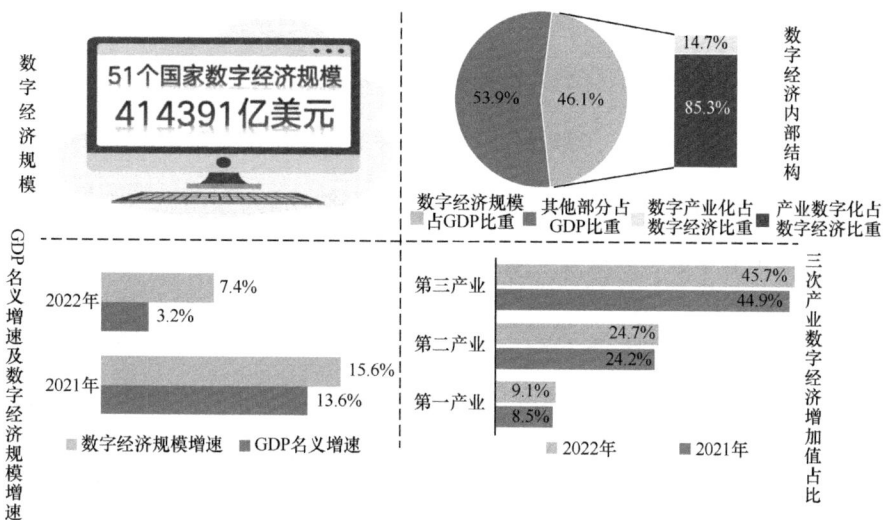

来源：中国信息通信研究院

图 13-1　2022 年全球数字经济整体发展情况

在占比方面，数字经济成为全球经济发展的重要支撑。传统基础设施、生产现场、资金、土地、劳动力等是传统经济增长的主要动力来源。当前，全球范围内传统生产经营方式正在发生深刻变革，数字化基础设施、智能化生产线、智能机器人、数据要素等逐渐成为经济发展的主要动力来源，有效支撑经济持续稳定发展。2022 年，全球 51 个主要经济体数字经济规模占 GDP 比重为 46.1%，上年同比口径为 44.3%，同比提升 1.8 个百分点，数字经济在国民经济中的地位稳步提升。

在增速方面，数字经济成为全球经济增长的活力所在。数字经济以其持续涌现的新模式新业态，以及较高的创新性等，持续为全球经济平稳回升注入动力。2022 年，全球 51 个经济体数字经济规模同比名义增长 7.4%，高于同期 GDP 名义增速 4.2 个百分点，有效支撑全球经济持续复苏。

在结构方面， 产业数字化依然是全球数字经济发展的主导力量。数字技术加速向传统产业渗透。2022 年，全球 51 个主要经济体数字产业化规模为 6.1 万亿美元，占数字经济比重为 14.7%，占 GDP 比重为 6.8%，产业数字化规模为 35.3 万亿美元，占数字经济比重为 85.3%，占 GDP 比重较上年提升 1.8 个百分点，约为 39.3%。

在产业渗透方面， 全球三二一产数字经济持续渗透。受行业属性等因素影响，从全球看，数字技术在传统产业的应用率先在第三产业爆发、数字化效果最显著，数字技术在第二产业的应用效果有待持续释放，数字技术在第一产业的应用仍受到自然条件、土地资源等因素限制。2022 年，全球 51 个经济体第三产业、第二产业、第一产业数字经济增加值占行业增加值比重分别为 45.7%、24.7% 和 9.1%，分别较上年提升约 0.8、0.5 和 0.2 个百分点。

2. 高收入国家数字经济领先优势较明显

根据世界银行 2023 年的分类标准，在测算的 51 个国家中，有 37 个高收入国家、10 个中高收入国家、4 个中低收入国家[1]，可以反映不同收入

---

1 根据世界银行2023年的分类标准，在测算的51个国家中，高收入国家包括澳大利亚、奥地利、比利时、加拿大、克罗地亚、塞浦路斯、捷克、丹麦、爱沙尼亚、芬兰、法国、德国、希腊、匈牙利、爱尔兰、以色列、意大利、日本、韩国、拉脱维亚、立陶宛、卢森堡、荷兰、新西兰、挪威、波兰、葡萄牙、罗马尼亚、沙特阿拉伯、新加坡、斯洛伐克、斯洛文尼亚、西班牙、瑞典、瑞士、英国、美国；中高收入国家包括巴西、保加利亚、中国、印度尼西亚、马来西亚、墨西哥、俄罗斯、南非、泰国、土耳其；中低收入国家包括菲律宾、越南、印度、老挝。

水平国家的数字经济发展差异。整体来看，收入水平较高的国家的数字经济发展水平也较高，2022 年按收入水平分组国家数字经济发展情况如图 13-2 所示。

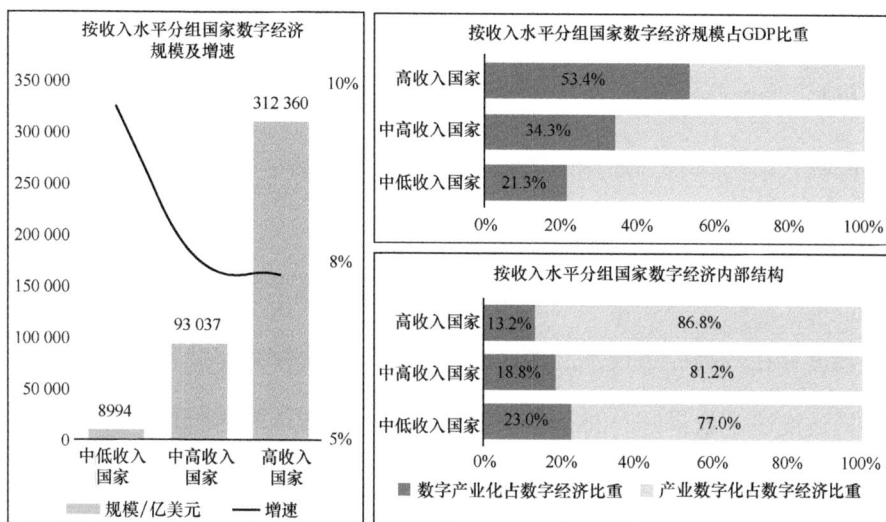

来源：中国信息通信研究院

图 13-2　2022 年按收入水平分组国家数字经济发展情况

从总量上看，高收入国家数字经济规模合计占全球比重超过七成。2022 年，高收入国家数字经济规模超过 31.2 万亿美元，占全球 51 个主要国家数字经济规模比重的 75.4%。同年，中高收入国家数字经济规模超过 9.3 万亿美元，中低收入国家数字经济规模为 8994 亿美元，中高收入国家和中低收入国家数字经济规模合计占 51 个主要国家数字经济规模比重的 24.6%。

在占比方面，高收入国家数字经济规模在其 GDP 中占比超五成。收入水平越高的国家，数字经济规模在 GDP 中的占比越高。2022 年，高收入国家数字经济规模占 GDP 比重为 53.4%，较上年提升 2.5 个百分点；中高收入国家数字经济规模占 GDP 比重为 34.3%，较上年提升 0.9 个百分点；中低收入国家数字经济规模占 GDP 比重为 21.3%，较上年提升 0.5 个百分点。

在增速方面，中低收入国家数字经济增长规模最快。受益于数字经济基数较小、人口红利释放等因素，中低收入国家数字经济规模实现较快增长。2022 年，中低收入国家数字经济规模同比增长 9.7%，高于同期中高收入国家数字经济规模增速 2.2 个百分点，高于同期高收入国家数字经济规模增速 2.4 个百分点。

从分结构上看，高收入国家产业数字化占数字经济比重更高。数字化转型存在较高经济技术门槛，收入水平高的国家数字化转型意愿强且转型速度快、效果好。2022 年，高收入、中高收入和中低收入国家产业数字化占数字经济比重分别达 86.8%、81.2% 和 77.0%。同时，中低收入国家产业数字化发展速度得到极大提升，2022 年，产业数字化规模增速达到 14.0%，分别高于中高收入水平、高收入水平国家产业数字化规模增速 6.1、6.0 个百分点。

3. 全球数字经济多极化格局进一步演进

整体看，中国、美国、欧洲基于市场、技术、规则等方面优势，持续加大数字经济发展力度，数字经济规模持续扩大，全球数字经济三极格局持续巩固。与此同时，新兴国家数字经济发展进一步加速，全球数字经济发展的多极化趋势加强。其中，中国数字经济规模仅次于美国，拥有全球最大的数字市场，数字经济顶层设计日益完善，数据资源领先全球，数字产业创新活跃，数字中国建设成效显著。美国数字经济稳居世界第一，产业规模、产业链完整度、数字技术研发实力和数字企业全球竞争力等方面位居世界前列。欧盟具有优秀的科技和创新资源，凭借其在数字治理上的领先，形成与中国、美国两强优势互补的第三极。

在规模方面，美国、中国、德国连续多年位居全球前三位。2022年，美国数字经济规模蝉联世界第一，规模达到17.2万亿美元；中国位居第二，数字经济规模为7.5万亿美元；德国位居第三，数字经济规模为2.9万亿美元。此外，日本、英国、法国数字经济规模也都超过1万亿美元。

在占比方面，英国、德国、美国数字经济规模占GDP比重位列全球前三位，占比均超过65%。韩国、日本、爱尔兰、法国数字经济规模占GDP比重超过51个主要国家平均水平。新加坡、中国、芬兰、墨西哥、沙特阿拉伯数字经济规模占GDP比重为30%～45%。

在增速方面，沙特阿拉伯、挪威、俄罗斯数字经济规模增长速度位列全球前三位，增速均在20%以上。另有巴西、墨西哥、新加坡、印度尼西亚、越南、土耳其、美国、澳大利亚、马来西亚、以色列、中国和罗马尼亚共12个国家数字经济规模增速超过10%。

在产业渗透方面，经济发展水平较高的国家产业数字化转型起步早、技术应用强、发展成效明显。在第一产业数字化方面，英国第一产业数字经济渗透率最高，超过30%，此外，德国、沙特阿拉伯、韩国、新西兰、法国、芬兰、美国、日本、新加坡、爱尔兰、丹麦、中国、俄罗斯、挪威共14个国家第一产业数字经济渗透率高于51个主要国家平均水平。在第二产业数字化方面，德国、韩国第二产业数字经济渗透率超过40%，此外，美国、英国、爱尔兰、日本、法国、新加坡等国第二产业数字经济渗透水平高于51个主要国家平均水平。在第三产业数字化方面，英国、德国等国发展遥遥领先，第三产业数字经济渗透率超过 60%，此外，美国、日本、法国等国第三产业数字经济渗透水平高于 51 个主要国家平均水平。

（二）美国模式：依托持续领先的技术创新，巩固数字经济全球竞争力

数字经济是人类历史上技术最密集的经济形态，数字技术的创新能力对一国数字经济的长期增长、稳定增长，特别是全球竞争力的塑造，具有决定性意义。美国是数字革命的重要发源地，诞生了世界上第一台电子计算机和第一台个人计算机，发明了阿帕网，率先提出数字地球、人工智能、电商、大数据、云计算、共享经济、工业互联网等理念，发展数字经济具备先发技术、产业、人才等优势。

1. 前瞻部署顶层战略，率先布局数字经济关键领域

美国数字经济发展理念一以贯之。美国数字经济相关战略布局（部分）如表 13-1 所示。20 世纪 90 年代，克林顿政府高度重视并大力推动信息基础设施建设和数字技术发展，率先提出了"信息高速公路""数字地球"的概念。1998 年 7 月，美国商务部发布《浮现中的数字经济》报告，从此美国正式揭开了数字经济发展大幕。自进入 21 世纪以来，美国先后布局云计算、大数据、先进制造、5G、量子通信等前沿领域，通过系统性的顶层规划设计，助推数字经济发展。例如，在先进制造领域中，美国自 2011 年起明确将先进制造纳入国家战略体系，接连提出"先进制造业伙伴"计划（AMP）、美国国家制造业创新网络（Manufacturing USA）等工作框架，发布《先进制造技术路线图》《先进制造业国家战略》

《国家先进封装制造计划愿景》等。在人工智能领域中，2016年美国政府发布第一版《国家人工智能研究和发展战略计划》；时隔3年，又于2019年发布更新版的《国家人工智能研究和发展战略计划》，对发展重点领域进行了全面更新；自2021年至今，拜登政府陆续发布《人工智能权利法案蓝图》《国家人工智能研发战略计划（2023年更新版）》《关于安全、可靠和可信地开发和使用人工智能的行政命令》《AI全球研究议程》《AI全球发展行动指南》等，旨在推动人工智能技术的研发、应用与治理。在大数据领域中，为应对大数据革命带来的发展机遇，美国于2012年发布《大数据研究和发展计划》，随后接连发布《美国开放数据行动计划》《联邦大数据研究和发展战略规划》《澄清域外合法使用数据法案》《联邦数据战略2020年行动计划》等。自2021年以来，美国持续强化国家战略，接连发布《临时国家安全战略指南》《战略竞争法案》《美国创新与竞争法案》等，不断提升其数字经济发展实力。

表 13-1　美国数字经济相关战略布局（部分）

序号	时间	战略/政策文件
1	1993年9月	信息高速公路计划
2	1997年7月	《全球电子商务纲要》
3	1999年1月	21世纪信息技术计划
4	2009年4月	国家宽带计划
5	2011年2月	《联邦云计算战略》
6	2011年6月	"先进制造业伙伴"计划（AMP）
7	2012年2月	《先进制造业国家战略计划》
8	2012年3月	"国家制造业创新网络"计划
9	2012年3月	《大数据研究和发展计划》
10	2012年5月	数字政府战略

续表

序号	时间	战略/政策文件
11	2015年5月	《美国开放数据行动计划》
12	2015年11月	《数字经济议程》
13	2016年5月	《联邦大数据研究和发展战略规划》
14	2016年7月	先进无线通信研究计划（PAWR）
15	2016年10月	第一版《国家人工智能研究和发展战略计划》
16	2018年2月	《澄清域外合法使用数据法案》
17	2018年9月	5G Fast战略
18	2018年10月	先进制造业美国领导力战略
19	2018年12月	《国家量子倡议法案》
20	2019年2月	美国人工智能计划
21	2019年6月	《国家人工智能研究和发展战略计划（更新版）》
22	2019年12月	《联邦数据战略2020年行动计划》
23	2020年3月	《促进美国在5G领域的国际领导地位法案》
24	2020年2月	《美国量子网络战略构想》
25	2020年3月	《5G安全国家战略》
26	2020年11月	《引领未来先进计算生态系统：战略计划》
27	2020年11月	《关于利用云计算资源推进联邦资助的人工智能研发的建议》
28	2021年1月	《保障信息和通信技术及服务的供应链安全》
29	2021年3月	《临时国家安全战略指南》
30	2021年4月	《战略竞争法案》
31	2021年6月	《美国创新与竞争法案》
32	2022年4月	《先进制造技术路线图》
33	2022年8月	《芯片与科学法案》
34	2022年10月	《国家先进制造业战略》
35	2022年10月	《人工智能权利法案蓝图》
36	2023年5月	《国家人工智能研发战略计划（2023年更新版）》
37	2023年7月	《2023—2025年情报共同体（IC）数据战略》
38	2023年10月	《关于安全、可靠和可信地开发和使用人工智能的行政命令》
39	2023年11月	《数据、分析和人工智能采用战略》

续表

序号	时间	战略/政策文件
40	2023年11月	《2024—2026年数据战略》
41	2023年11月	《2024—2025财年AI战略：通过负责任的AI赋能外交》
42	2023年11月	《国家先进封装制造计划愿景》
43	2024年2月	《关键和新兴技术清单》新版
44	2024年9月	《AI全球研究议程》
45	2024年9月	《AI全球发展行动指南》

来源：中国信息通信研究院

2. 重视先进技术研发，巩固数字技术创新优势

美国政府非常注重前沿性、前瞻性研究，通过资金投入、项目计划、战略合作、机构设置、人才吸引等方式，积极推进芯片、人工智能、5G通信及下一代通信、先进计算机等数字技术研发。

在资金投入方面，一是联邦研发预算增加。2024财年，美国国防部申请18亿美元预算经费用于人工智能技术科研活动，财年内多个关键领域的研发预算经费达到历史最高水平，政府对先进技术研发的重视程度不断提高。**二是专项资金投入增加。**政府设立专项资金用于支持特定领域的技术研发。例如，在清洁能源领域中，美国能源部宣布将划拨9亿美元用于支持下一代核技术的开发；在人工智能领域中，美国国立卫生研究院、国家科学基金会等机构也加大对人工智能基础技术研究的投入。

在项目计划方面，在促进电子行业创新发展上，美国国防部于2017年推出"电子复兴计划"，之后又推出针对数字芯片科技的JUMP计划，太赫兹通信和传感融合研究中心等机构抓紧推动6G通信项目。**在量子计算发展方面，**美国通过多个项目和计划支持量子计算、量子通信和量子传感等领域的研究。例如，美国国家科学基金会启动了"量子信息科学与工程能力扩展"计划，投入大量资金支持量子信息科学与工程的研究项目。

在战略合作方面，一是加强与盟友和伙伴国家合作。美国、日本和韩国签署合作协议，在半导体材料、设备制造和研发等方面进行了深度合作，提升全球半导体供应链的稳定性和竞争力；美国与欧盟加强人工智能领域合作，共同推动人工智能技术的研发和应用，促进人工智能技术的伦理和安全标准制定，加强人工智能领域人才培养和交流。美国与希腊签订科技合作协定，着手在数字基础设施建设、云技能教育等方面推动两国科技合作；美国与波兰等国签订 5G 协议，以推动本国 5G 电信基础设施发展等。**二是强化国际科技合作机制。**美国积极参与七国集团（G7）、印太经济框架（IPEF）等框架下的国际科技合作机制建设，推动国际科技合作与创新。**三是建立国际合作平台。**例如，美国与多国建立国际清洁能源伙伴关系（CEP）、全球创新网络（GIN）等，为各国在先进技术研发和创新方面的合作提供支持和便利。

在机构设置方面，一是成立新机构与部门。美国政府白宫科学技术政策办公室（OSTP）于 2021 年 1 月成立国家人工智能计划办公室，专门负责监督和实施国家人工智能战略，并作为联邦政府在人工智能研究和决策过程中与私营部门、学术界和其他利益相关者进行协调和协作的中心枢纽。2023 年 10 月，美国商务部指定新建 31 个技术中心，涵盖量子计算、人工智能、芯片制造等多个先进技术领域，旨在推动地区创新、创造就业机会。**二是加强现有机构的职能与资源。**在提升国家科学基金会在推动先进技术研发方面重要地位的同时，通过国防部高级研究计划局的活动探索前沿技术发展。**三是强化跨部门协调与资源整合**。一方面，通过设立跨部门协调机构，整合各部门资源，避免重复建设，提高资源利用效率。另一方面，推动机构间的资源共享与合作。例如，在建立共享设施和试验台方面，多个机构共同投资和管理，为研究人员和企业提供先进的研发设备和测试环境。

在人才吸引方面，一方面，出台人才支持计划。2023 年 5 月，美国发布《国家人工智能研发战略计划》，其中提出实施人工智能劳动力发展战略的 10 个优先事项，包括评估人工智能劳动力、支持人工智能高等教育人员、探索多元化和多学科专业知识对人工智能的影响，以及识别和吸引国际最优秀的人工智能人才等。同年 10 月，美国启动"全国人工智能人才激增计划"，旨在推动联邦政府加快聘用人工智能和人工智能赋能岗位人才。**另一方面，优化签证与移民政策**。美国探索推出"创业签证"概念，旨在吸引并留住那些能够推动美国经济创新和技术进步的创业者，为 STEM（科学、技术、工程和数学）领域杰出人才提供签证便利。

3. 发展先进制造业，推动实体经济数字化转型

美国将先进制造业发展视为国家的优先事项之一，如前文所述，先后发布先进制造伙伴计划、《先进制造业美国领导力战略》等，提出依托新一代信息技术等加快发展技术密集型的先进制造业，保证先进制造业作为美国经济实力引擎和国家安全支柱的地位。

经过多年探索，美国先进制造业发展取得显著成效。**一是建设一批先进制造业创新中心**。为提升美国在全球先进制造领域的领导地位，如前文所述，美国政府于 2012 年启动了国家制造业创新网络计划，旨在重点技术领域建设先进制造业创新中心，提高美国制造业竞争力和创新能力。2012 年 8 月，美国首个试点性的国家增材制造创新研究院成立，此后，美国陆续组建了 7 所国家级的制造业研究中心、17 个制造业创新研究所，刺激美国国内制造业创新发展，覆盖了先进制造业所涉及的芯片、柔性电子、生物制药、机器人等各个领域。**二是开展数字化转型探索。**GE 公司以工业数据为核心，通过 GE Proficy 软件整合 IT 行业最新的先进技术，对工厂设备数据与企业业务数据进行整合，进行数据挖掘、采集、分析、展示和优化，帮助企业应对生产领域各种难题。PTC 公司面向平台需求端，将 ThingWorx 工业物联网平台与 Vuforia 增强现实平台整合到智能工厂架构中，缓解制造业客户日益增长的宏观经济压力和成本压力，开拓新的工作方式，以加速数字化转型。

美国政府推动先进制造业回流。自金融危机以来，为缓解国内经济压力，美国提出了制造业回流计划，希望重塑以新能源、新技术、新材料等为重点的先进制造业发展优势。**奥巴马政府**提出重振本土制造业，先后推出《出口倍增计划》《美国制造业促进法案》《重振美国制造业政策框架》等一系列措施，鼓励企业在本国建厂。**特朗普政府**秉承"美国优先"原则推动制造业发展，发布了《国家先进制造业战略计划》，旨在改变美国制造业空心化现状，提高制造业就业率，建立牢固的制造业和国防产业基础。**拜登政府**不断强化制造业回流力度，通过提升"供应链韧性"战略，强化基础制造、高技术制造、清洁能源等领域，在推动美国产业链重构的同时，强化美国对全球产业链的主控权。具体看，在发布《国家先进制造业战略》后，拜登签署总计 1.2 万亿美元的《基础设施投资与就业法案》，明确美国政府的基础建设项目采购优先考虑本土供应商，将美国政府采购行为与美国制造业直接捆绑；继而颁布总计 2800 亿美元的《芯片和科学法案》，其中 527 亿美元用于吸引各国将芯片产业转移到美国；紧接着，出台总计 7500 亿美元的《2022 年通胀削减法案》，对电动汽车、关键矿物、清洁能源及发电设施的生产和投资提供高达 3690 亿美元的补贴。

（三）欧盟模式：强化数字治理规则领先探索，打造统一的数字化生态

长期以来，欧盟依靠一体化模式和多边机制，实现稳定较快发展。在新形势下，欧盟制定数字发展战略，提出构建数字单一市场，推动前沿关键领域发展，全面推进经济社会数字化转型。

1. 持续健全数字经济规则

欧盟不断迭代完善隐私保护规定。一方面，隐私保护根植于欧盟各国文化。欧盟各国建有专门的国家机关来强制实施隐私保护规定。例如，瑞典 1973 年就通过了《数据库法》，规定建立"瑞典数据监督局"作为专门的国家行政机构，负责对要设立或继续经营个人信息系统的个人及组织进行审查和批准。此外，还规定未在该局的核准和监督下，任何人不得非法拥有他人的个人数据，且在数据库资料的收集、利用、保管等方面都有详细的规定。**另一方面，**欧盟顺应时代发展及时更迭隐私保护相关规定。2002 年，欧盟开始实行《电子隐私指令》，但随着数字技术、

数字平台及通信软件的发展，原有《电子隐私指令》已不足以对现有电子通信服务进行监管。为此，欧盟正在加快制定《电子隐私条例》，试图增加新的隐私监管对象，为欧盟范围内的所有企业和个人提供隐私保护。

促进数字经济企业公平竞争。欧盟注重数字经济领域平衡发展，规范欧洲数字市场秩序，防止大型数字平台形成垄断。2022 年 11 月，欧盟《数字市场法案》《数字服务法案》正式生效，通过制定全面新规则，促进数字市场的公平和开放。其中《数字服务法案》加强对在线平台的监管，规定了数字服务商应承担的责任和应履行的义务，为在线平台创设强有力的透明度要求和问责机制；《数字市场法案》加强对大型数字平台企业（又称"守门人公司"）的规制与监管，以促进欧洲数字市场的创新、规模增长和竞争。

关注网络空间主权，不断加强网络安全顶层设计。2016 年欧盟发布《网络与信息系统安全指令》，旨在加强基础服务运营者、数字服务提供者的网络与信息系统安全，要求二者履行网络安全风险管理、网络安全事故及时应对与上报等义务。2019 年，为欧盟境内商业数据处理提供基本准则的《网络安全法案》正式生效，从欧盟层面统筹协调网络安全问题。2020 年 12 月，欧盟发布更新的《网络安全战略》，利用监管、投资和政策工具，解决网络安全问题，完善既有网络安全制度、建构新的协调机制，引领和打造更安全的网络空间。2022 年 3 月，欧盟发布《网络安全条例》，旨在增强欧盟相关机构对网络威胁事件的抵御能力，推动构建欧盟网络安全治理、风险管理和控制的法律框架。2023 年 7 月，欧盟发布《欧洲量子网络安全议程》，指出量子计算的快速发展为网络安全带来了一系列新的挑战，并就欧盟如何加强应对量子网络安全风险提出政策建议。

建立全面的数据跨境流动规则。一是设置多种个人数据出境安全管理路径。欧盟《通用数据保护条例》通过"充分性保护认定"机制、签订标准合同、约束性企业规则、行业认证等机制进行个人数据出境安全管理。**二是不断强化对个人数据的出境保护。**如 2020 年 7 月，欧盟法院经审理裁定《欧美隐私盾牌》协议无效；2021 年，在欧盟强化对个人数据的保护之下，微软公司宣称将在 2022 年底实现欧盟个人数据的本地化存储。欧盟发布《关于补充传输机制以确保遵守欧盟个人数据保护标准的建议》及《针对监控措施的关于欧盟重要保障的建议》（下文简称"欧盟重要保障"），为需要从欧盟向第三国跨境传输个人数据的机构提供具体指导，强调数据提供方应评估第三方国家政府关于访问个人数据的法律是否满足"欧盟重要保障"要求，以确保第三方国家对隐私权和个人数据的保护符合欧盟标准。**三是注重与其他国家达成"充分性保护协议"。**2020 年，欧盟通过了对日本的"充分性保护认定"，次年，拟通过对韩国"充分性保护认定"的草案，同时也正在努力评估印度的个人数据保护环境。2023 年 3 月，欧盟与美国就跨大西洋数据流动达成政治协议，为欧美之间的数据流动提供了新的合规路径，体现了欧盟在推动数据流动的同时，对个人数据保护的持续关注。

2. 推动建立数字单一市场

欧盟建设数字单一市场由来已久。欧盟实施数字单一市场战略，通过发布系列政策文件，明确了欧盟在数字领域的战略目标，旨在打破国家间的管制壁垒，实现货物、人员、服务、资金和数据的自由流动，将欧盟成员国数字市场统一成单一化市场。2015年5月，欧盟发布数字单一市场战略，明确了建立数字单一市场的三大支柱，即提供更好的数字商品和服务、提供数字网络和服务蓬勃发展的环境及最大化欧洲数字经济的增长潜力。2016年，欧盟发布的《欧洲云计划》旨在促进基于云的服务和数据基础设施发展，增强欧洲数字竞争力。2018年，欧盟实施《通用数据保护条例》（GDPR），为个人数据保护和管理提供了严格的法律框架，促进数据在欧盟境内的自由流动，为数字单一市场建设提供法律保障。此后，《数据治理法案》《2030数字罗盘：欧洲数字十年之路》等进一步提出了数字单一市场建设的具体行动计划和法规框架，有力推动欧洲数字经济的长远发展。数据显示，数字单一市场领域的立法成果每年为欧盟带来约1770亿欧元的经济贡献，主要收益来源于欧盟电子通信和服务（861亿欧元）、数据流和人工智能（516亿欧元）、单一数字网关（200亿欧元）、《地理封锁条例》和对在线平台的规定（140亿欧元）。2024年2月，欧盟发布《2024年单一市场和竞争力报告》，进一步强调在当前全球地缘政治背景下，单一市场建设是欧盟实现更好更快发展的最大优势。

欧盟数字单一市场建设取得明显成效。一是数字文化建设水平不断提高。欧盟通过数字文化档案给予更多公民接触资料的机会，例如，Europeana（欧盟数字图书馆）提供超5300万个项目，包括来自欧洲超3700个图书馆、档案馆、博物馆、美术馆和视听收藏品的图像、文本、音频和视频等。**二是未来数字规划不断完善。**欧盟超级计算机、人工智能、区块链、量子力学等前沿技术加速发展，全球性创新和交流积极展开。同时，欧盟建设超 250 个数字创新中心，帮助企业整合技术、改善业务，走向更光明的未来。**三是数字生活水平不断提升。**欧盟通过数字政府、eIDAS 等为企业和居民生活提供更大便利。欧盟 2023 年发布的数字经济与社会指数（DESI）显示，欧盟电子政府用户占互联网用户比重超 75%，较 2019 年增加超 15%。预计到 2030 年，所有欧盟成员国公民都应能在线办理重要行政手续、线上查阅就诊档案，80% 的公民可使用电子身份证。**四是数字信任水平不断提升。**欧盟数字单一市场为公民提供上网、发送电子邮件、网上购物和使用信用卡等过程的隐私保护，为公民提供更好的个人数据和网络安全保护。**五是数字购物环境不断优化。**欧洲电子商务协会数据显示，2023 年欧洲 B2C 电商营业额为 8870 亿欧元，预计 2024 年欧洲电商营业额将达到 9580 亿欧元（目前仅有预测数据），较 2023 年增长 8%。欧洲跨境商务平台（Cross-Border Commerce Europe）数据显示，2023 年，欧盟线上跨境电商总销售额同比增长 32%，达到 2370 亿欧元。**六是数字连接网络不断普及。**欧盟引入适用于整个欧洲的电子通信代码，通过了无线电频谱政策计划，支持 5G 等无线网络终止欧盟内部的漫游费用并设置欧盟内部通信的价格上限，不断提升欧盟内部数字连接的一体化程度。ITU 数据显示，2023 年，欧洲总上网用户数达到 6.21 亿人，互联网覆盖率达 90.5%。

（四）德国模式：发挥强大制造优势，打造全球制造业数字化转型标杆

德国是制造业强国，始终秉持制造业立国理念，坚定不移地推动以

工业为基础的经济发展模式。德国在机械制造、电子技术工业及化工等领域积累形成的生产优势是其经济创新的核心。为进一步推动德国工业创新发展，德国发布"工业4.0"战略，发挥传统制造业优势，促进新的产业变革。

1. 强化政策布局，推动制造业数字化转型

数字化是实现"工业4.0"的基础条件。德国"工业4.0"战略的一项重点内容就是由德国联邦教育和研究部（BMBF）、联邦经济和能源部（BMWi）牵头的工业数字化转型，尤其是制造业数字化转型。2006年，德国政府首次提出高科技战略计划，重点革新科研政策，涵盖健康、通信及交通、前沿科技三大领域，并首次提出产业集群战略。2013年，德国联邦政府提出了"平台工业4.0"，通过建设网络平台以实现德国工业数字化转型，并试图缩小研究与应用、政策与现实之间的差距。2016年，联邦经济和能源部公布《德国数字化战略2025》，短期内，通过挖掘数字化创新潜力促进经济增长和就业；长远看，德国致力于打造一个数字化的未来社会。2018年，德国联邦政府发布《高科技战略2025》，提出到2025年将研发投资成本增加到GDP的3.5%，并将数字化转型作为科技创新发展战略的核心。2023年2月，德国联邦政府发布国家层面研究与创新发展的顶层战略《未来研究与创新战略》，旨在增强德国的创新能力并确保欧洲的技术主权。

德国加快"数字化""绿色化"议题讨论。 近年来，德国政府高度重视数字化战略，出台了《量子技术行动计划》《人工智能行动计划》《网络安全研究议程》等系列专项政策，旨在推动数字化进程的深化。从德国联邦政府的数字化战略到德国各联邦州、各行业的具体实施方案，德国正逐步形成一套完整的数字化发展体系。同时，德国企业积极响应政府号召，加大数字化领域投入，推动传统产业数字化转型升级。当前，德国数字化战略的实施已取得系列显著成果。在制造业领域中，德国通过"工业4.0"战略，实现了生产流程的智能化和自动化，提高了生产效率和产品质量。在电商领域中，数字化战略促进了网络购物的普及和支付方式的创新，推动了电商市场规模的快速增长。此外，数字化还在教育、医疗、交通等领域中产生了深远影响，为德国社会的发展注入了新的活力。

2. 依托传统制造优势，打造高端制造强国

传统制造优势为高端制造发展奠定坚实基础。 德国长期以来实行严谨的工业标准和质量认证体系，重视制造业的科研创新成果转化。在制造领域中，德国擅长将知识融合到各种设备中，通过设备和生产系统不断升级，将知识固化在设备上。在通用装备制造方面，德国关注精密机床、模具设计等基础件的技术研发；在专用装备制造方面，德国关注驱动系统、传输系统等核心领域的技术研发。长期的生产实践为德国发展高端制造提供了雄厚的知识积淀和坚实的技术基础。

强化研发投入提升高端制造技术创新水平。《联邦研究与创新报告2024》的最新数据显示，2022年德国在研发领域投入约1214亿欧元，创下新高，占GDP比重已达3.15%。预计2025年德国科研投入占GDP比重将提高至3.5%，欧盟10家最具创新力企业中有6家源自德国。在研发投入作用下，德国每百万居民拥有在世界市场上具有重要地位的专利数量位居世界前列，德国技术密集型商品的出口份额占全球贸易份额的

11.5%。在全球创新指数及"欧盟创新"记分牌排名中，德国跻身世界创新强国前列。

中小企业成为制造业数字化转型的重要推动力量。 富有活力的中小企业是德国经济的重要支柱，占据德国企业总数的 99.7%，其净产值占德国全国企业净产值的一半，且中小企业承担了德国就业人数的 60%。德国中小企业拥有多项专利和较高比例的技术人员。据统计，德国中小企业领军者的员工平均专利拥有量是大型企业员工平均专利拥有量的 5 倍，但每个专利的成本却只有后者的 1/5。德国中小企业在尖端技术领域的研发成果显著，在医药和信息通信技术领域的研发参与度均为 59%，在测量及自动控制技术上的研发占比达到了 79%。

德国高端制造发展成效显著。 德国计算机、电子和光学设备制造业发达，位于德国东部萨克森州的"萨克森硅谷"已成为全球五大半导体产业群之一，50% 的欧洲产芯片来自德国东部，尤其是萨克森州的德累斯顿。同时，德国"工业 4.0"战略稳步推进，在塑造德国创新体系、革新产业结构、促进新型和尖端产业发展方面发挥了重要作用。例如，博世集团瞄准未来出行的蓝图，深耕电气化、自动化和互联化交通领域，从零部件智能化制造到系统化集成，目前正在大力研发燃料电池动力总成等技术。西门子公司工厂端到数字化系统端实现从订单、设计、生产到物流的高度自动化、高速化、高效化和高精度化，产能提高了 8 倍，产品合格率提高到 99.9988%，制造执行系统 SIMATIC IT 和全集成自动化解决方案（TIA）能够将产品及生产全生命周期进行集成，缩短 50% 的产品上市时间。

（五）英国模式：完善数字经济布局，以数字政府建设引领数字化发展

英国是第一次工业革命的发源地，享有"现代工业革命的摇篮"之称。在数字革命浪潮来临之时，英国紧抓机遇，积极打造"世界数字之都"，全面布局数字经济发展，强化数字政府建设，持续提升英国数字经济全球影响力。

1. 系统性完善数字经济政策布局

英国多个部门联合打造数字经济政策网络。在 2009 年国际金融危机和 2017 年脱欧未决之际，英国分别发布《数字英国》和《英国数字战略》两大国家战略，把数字化作为应对不确定性、重塑国家竞争力的重要举措。内阁办公室，商业、创新和技能部（BIS），数字、文化、传媒和体育部（DCMS），教育部（DfE），国际发展部（DFID）等部门纷纷推出相关战略，共同构成英国的数字战略体系。

在战略布局上，制定数字经济发展的整体性战略。英国先后推出了《数字英国》《数字经济法案》《数字经济战略（2015—2018）》《英国数字化战略（2017）》《国家数据战略（2020）》《数字发展战略 2024—2030》等战略计划，对全面推进数字化转型作出全面而周密的部署。例如，《数字发展战略 2024—2030》提出数字化转型、数字包容、数字责任、数字可持续 4 项目标，将"促进最后一英里连接""支持数字公共基础设施建设""促进人工智能技术发展""支持妇女和女童参与数字世界"作为优先领域，提升英国在数字时代的整体实力，打造世界一流的数字经济。

在规则制定上，英国政府坚持发展与规范并重。**数据保护方面，**从

2018 年起，英国高度重视数据作用，持续强化数据保护政策出台，通过严格执行《通用数据保护条例》，修订《数据保护法》《数字经济法案》，公布《数据改革法案》《国家数据战略》等，保护数据隐私、完善个人数据权益保障机制；为了构建良好的数据伦理体系，英国在 2018 年发布了《数据伦理框架》，从公共利益、有限与等比例原则、数据问责等 8 个方面勾勒数据治理中的伦理体系。**网络与信息安全方面，**英国发布了《消费者物联网安全行为准则》《在线危害白皮书》，力争创造稳健、透明的数字基础设施体系，同时营造健康、民主的"数字"氛围。**数字服务税方面，**英国政府为应对数字经济所带来的税收挑战，于 2020 年 4 月开始对搜索引擎、社交媒体平台和在线电商平台市场等领域征收数字服务税，征税适用于全球数字服务收入超过 5 亿英镑和英国数字服务收入超过 2500 万英镑的公司，其税点为 2%。**竞争监管方面，**英国政府发布数字市场竞争新规则，成立数字市场部，平衡大型数字科技公司与内容提供商、广告商间的关系，防止数字科技巨头利用市场主导地位扼杀竞争和创新，促进国内数字信息产业发展。

2. 数字政府建设脱颖而出

英国是最早推进政府数字化转型的国家之一，英国在 2012 年就推行了《政府数字战略》，并发布《政府数字包容战略》《政府转型战略（2017—2020）》《数字服务标准》《政府数字服务：2021—2024 年战略》等，通过 ICT 技术或数据驱动政府数字化转型与创新，应对数字政府建设中面临的基础设施、业务流程、领导战略、人才招揽等方面的问题，持续推进政府数字化转型。

推进政府数据开放共享，挖掘和释放数据潜在价值。英国《数字经济法案》提出建立国家级数据基础设施登记注册制度，确保数据基础设施运行安全可靠；改变政府数据存储和管理方式，尽可能开放政府数据，利用 API（应用程序接口）在政府内部和外部打通数据共享渠道；建立数据咨询委员会并任命政府首席数据官，管理和协调政府数据的使用。自2008 年以来，英国税务局通过使用数字工具链接 30 个数据源、超过 10亿个数据项，额外增加 30 亿英镑的税收收入。

打造政府一体化数字平台，提供跨部门服务。英国将 GOV.UK 网络平台作为政府各部门信息和服务的集中展示和访问入口，形成一体化的数字平台设计系统（GOV.UK Design System）、数字平台通知系统（GOV.UK Notify）、数字平台支付系统（GOV.UK Pay）、数字平台托管网站（GOV.UK PaaS）等在内的数字化政务平台，为个人、企业和政府部门提供便捷、高效的跨部门服务。其中，数字平台支付系统自 2016 年 9 月至2024 年 8 月共实现 8830 万次交易，处理金额达 56 亿英镑。此外，新西兰和以色列在政府数字化建设过程中，也使用了 GOV.UK 的源代码为国民提供网络服务。

制定数字服务标准，提升数字服务质量。英国政府数字服务局（GDS）发布了包含 18 项指标的数字服务标准，强调关注用户需求、使用敏捷方法、开源和开放标准、进行性能测量和测试共 4 方面内容。同时，确定数字服务的关键绩效指标（KPI），包括每笔业务成本、用户满意度、数字服务完成率、数字服务接受率共 4 项，用于定期评估英国政府的在线服务。

3. 数字政府带动其他领域数字化业务加速拓展

在全球数字化浪潮的推动下，英国数字政府建设持续发力。英国全方位构建数字经济新生态，不断提升对数字政府一体化平台的采用率，2016—2023年英国GOV.UK数字平台通知服务采用情况如图13-3所示。使用数字政府消息传递平台的公共部门服务数量激增，截至2023年，通过GOV.UK Notify发放通知的服务数达7343项，分布在1488个组织中。同时，数字身份、通用福利系统、电子支付等服务的普及度持续攀升，让民众切实感受数字政府的高效与便捷。此外，英国在数字工具创新上也迈出坚实步伐，筹备中的"汉弗莱"工具，以AI为核心，助力公务员高效处理工作，降低外部咨询成本。数字钱包计划稳步推进，电子驾照等证件已纳入其中，未来还将增添更多种类，内置的"GOV.UK Chat"聊天机器人在试行中表现出色，为居民提供支付、通知提醒等服务。

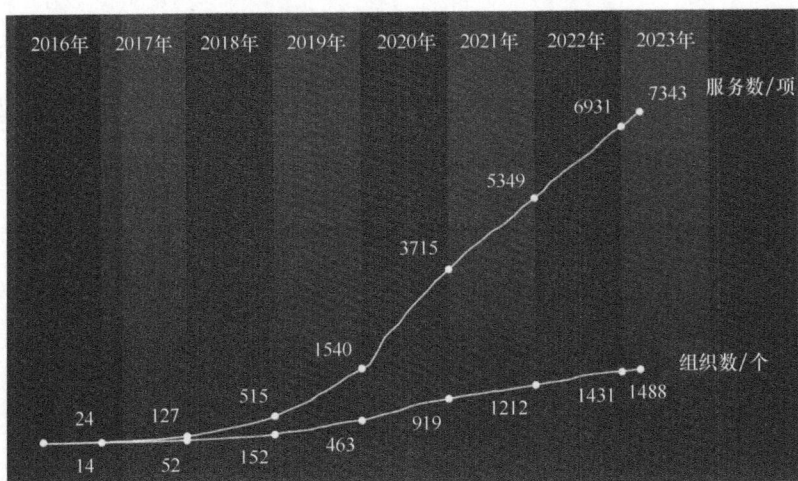

来源：Institute for Government

图13-3 英国GOV.UK数字平台通知服务采用情况

制造业数字化转型成效显现。FourJaw Manufacturing Analytics 数据显示，制造业是英国数字化转型的领先领域之一，每10家制造商中平均有9家制造商正在规划或推进智能工厂计划。具体看，医疗保健领域的葛兰素史克公司应用第四次工业革命（4IR）技术，使用高级分析、图像识别和自动化技术实现了两位数的能力增长，其洁具厂被世界经济论坛认定为"灯塔"制造商；可口可乐公司位于爱尔兰的旗舰生产基地启动全面的数字化转型，已实现两位数的生产力增长，通过创新合适的容量、能力和敏捷性来支持更多饮料组合。

零售业数字革命持续演进。英国拥有仅次于中国的世界第三大电商市场，高网络渗透率为网络零售奠定坚实基础。2023年，英国互联网普及率高达97.76%，网购用户渗透率上升至81.9%，远超欧洲和全球平均水平。英国国家统计局数据显示，2023年，英国电商销售额占零售总额的比例创下历史新高，首次超过30%。

电子游戏产业快速发展。当前，英国电子游戏业总产值已超过英国整个娱乐市场总额的一半，整体游戏市场份额位列欧洲第二。英国娱乐零售商协会（ESA）数据显示，2023年，英国电子游戏市场的总收入为47.3亿英镑，同比上升了2.9%。其中数字游戏收入约为42.4亿英镑，同比增长3.8%，4.95亿英镑的实体游戏销售额则同比减少了4.4%。

▷ 第十四章
数字经济支撑新质生产力发展的中国模式

（一）中国模式：立足产业和市场优势，有效市场和有为政府相互促进

中国数字经济早期发展得益于人口红利的先天优势，网民规模的高速扩张助推互联网行业快速崛起。近年来，完整的产业体系促进了数字技术在生产领域中的应用，在政策保障下，市场活力推动中国数字经济实现了跨越式发展，规模稳步扩大，数字经济大国地位逐步巩固。

1. 依托完整工业体系，生产领域数字经济发展深入推进

中国工业发展基础雄厚，已形成门类齐全的现代工业体系。 自2010年以来，中国是世界制造业第一大国，连续14年位居全球首位。中国是全世界唯一拥有联合国产业分类中全部工业门类的国家，形成了独立完整的现代工业体系。其中，钢铁、汽车、手机等220种以上制成品产量、进出口额连续多年位居世界第一。

依托坚实的工业基础与庞大的市场需求，工业互联网蓬勃发展，融合赋能效应日益凸显。 工业互联网标识解析体系国家顶级节点全面建成，为工业设备和产品提供全生命周期身份证，作为数据入口的技术体

系，目前已覆盖 31 个省（自治区、直辖市），截止 2024 年 7 月，标识注册量超过 5100 亿次，我国工业互联网标识服务企业超 42 万家[1]。在平台方面，具有一定影响力的综合型、特色型、专业型工业互联网平台近 340 家，工业设备连接数超过 9600 万台套[2]。在安全方面，国家、省、企业三级工业安全保障体系基本建成，工业互联网已经涵盖了全部的工业大类，渗透至企业研发、生产、销售、服务等各环节，覆盖数字化进程全局。数字化研发、智能化制造、网络化协同、个性化定制、服务化延伸、精益化管理工业互联网应用六大模式得到推广，赋能、赋智、赋值作用不断显现。工业互联网高质量外网基本实现全国地市全覆盖，截至 2024 年 7 月，国家顶级节点日均解析量达 1.9 亿次，主动标识载体累计部署超 3218 万枚，建成工业互联网标识解析二级节点 359 个，工业互联网在汽车、船舶、石化、机械等 47 个重点行业实现广泛应用，接入工业互联网的企业数达 42.8 万家。**"5G+工业互联网"加快发展**。5G 行业应用已经融入 97 个国民经济大类中的 76 个[3]，建成超 4.5 万个 5G 行业虚拟专网、700 家高水平"5G 工厂"，"5G + 工业互联网"项目数超过 1.4 万个，新技术、新业态、新模式发展活跃，"5G+ 工业互联网"赋能千行百业成效显著。5G 工业应用在开始阶段从边缘环节进入，向生产核心控制环节加速拓展深入，目前已覆盖工业的研发设计、生产制造、经营管理、商业模式和业务模式创新、产业链供应链管理等，基本涵盖所有环节。

---

1 数据截至2024年7月。
2 数据截至2023年末。
3 数据截至2024年9月。

2. 背靠庞大国内市场，生活领域数字经济蓬勃发展

体量巨大的国内市场为数字经济发展创造良好条件。一方面，中国国内市场广阔，庞大、多样化的用户群体需要多样的数字产品和服务。中国拥有 14 多亿人口所形成的强大内需市场，中等收入群体超过 4 亿人，网民规模巨大，截至 2024 年 6 月，中国网民规模近 11 亿人，互联网普及率达 78%。**另一方面，中国数字化需求爆发，激励数字产品和服务创新，提升市场活力。**近年来，中国居民消费呈现明显的高端化、智能化、服务化、个性化、绿色化、健康化趋势，中国居民消费重点转向提高生活品质的健康食品、新型消费电子产品、智能家居等物质产品和教育培训服务、文化旅游服务、健康医疗服务等现代服务，消费层次不断提高。

在消费领域中，新技术、新产业、新模式、新业态充分挖掘市场潜力。随着物流配送、在线金融服务、数据资源支撑、协同平台等配套体系不断完善，互联网正在重构商业生态，催生线上线下融合的新零售等全新产业形态，掀开了新型超市、生鲜电商市场、无人零售等风口，形成了全新的商业格局。特别是电商、共享经济等服务业数字化发展迅猛，对数字经济增长的贡献巨大。在电商领域，2023 年，我国实物商品网上零售额超 13 万亿元，比上年增长 11.0%，占社会消费品零售总额的比重为 24.9%。在移动支付领域中，2023 年，移动支付业务量快速增长，移动支付业务达 1851.47 亿笔，金额达 555.33 万亿元，分别同比增长 16.81% 和 11.15%。直播电商、共享员工等新模式、新业态需求激增，网络购物、互联网医疗等数字服务蓬勃发展，截至 2023 年底，用户规模分别达 9.15 亿人和 4.14 亿人。

3. 加强各级政策部署，为数字经济发展创造良好制度环境

中国政府持续完善数字经济发展的政策法律体系，坚持包容审慎的监管态度，着力构建促进数字经济创新发展的制度环境。

党中央高度重视数字经济发展，将数字经济上升为国家战略，党的十九大提出要建设网络强国、数字中国、智慧社会，"十四五"规划、《"十四五"数字经济发展规划》、《数字中国建设整体布局规划》等国家战略明确提出发展数字经济的目标及任务。**相关部委**积极贯彻落实国家战略，先后出台了《国务院关于积极推进"互联网+"行动的指导意见》《关于发展数字经济稳定并扩大就业的指导意见》《数字乡村发展战略纲要》《关于推进"上云用数赋智"行动 培育新经济发展实施方案》《关于深化新一代信息技术与制造业融合发展的指导意见》《数字经济促进共同富裕实施方案》《"数据要素×"三年行动计划（2024—2026年）》《制造业数字化转型行动方案》等政策，为各领域数字化发展提供了指引。在党中央的领导下，**各地政府**立足本地优势，持续推动数字经济战略政策落地实施，中国31个省（自治区、直辖市）已基本出台了数字经济专项政策，在充分发挥市场有效性的同时，积极强化政府引导作用。

（二）数字经济发展量质齐升，加速培育新质生产力

自2023年以来，我国经济顶住了全球经济疲软、产业链调整等风险和挑战，缓解了来自国内市场信心不足、内需回落、外需收缩等不利影响，整体实现了经济长期向好。国家统计局数据显示，按照不变价格计算，2023年我国全年GDP实际增长5.2%，经济增速进一步向潜在增

长水平回升。在此背景下，我国数字经济高质量发展取得新进展，扩量、增效、提质、挖潜能力进一步提升，数字经济进入科技创新引领发展的新阶段，我国数字经济规模如图 14-1 所示。

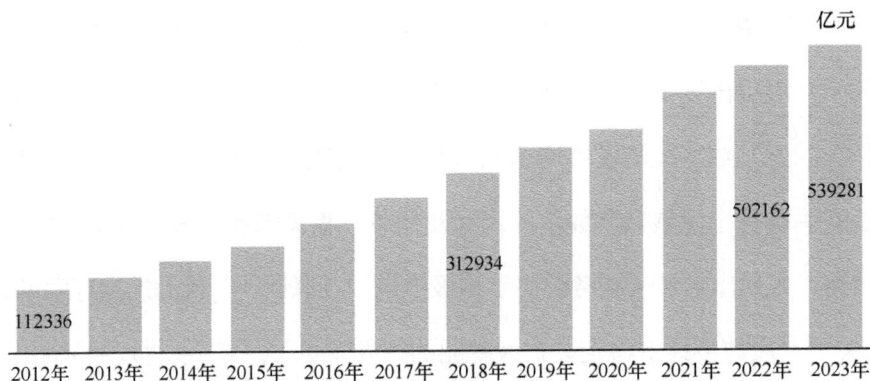

数据来源：中国信息通信研究院

图 14-1　我国数字经济规模

1. 总体看，数字经济高质量发展趋势明显

扩量方面，数字经济规模稳定增长。党的十八大以来，我国数字经济进入加速发展周期，我国数字经济规模由 2012 年的 11.2336 万亿元增长至 2023 年的 53.9281 万亿元，11 年间规模扩张了约 3.8 倍。其中，数字经济规模由约 10 万亿元增长至约 30 万亿元用了约 6 年时间，由约 30 万亿元增长至约 50 万亿元，仅用了约 4 年时间。2023 年，在党中央一系列政策利好刺激下，我国数字经济规模扩张稳步推进，较上年增长 3.7119 万亿元，增幅扩张步入相对稳定区间。

增效方面，数字经济引领经济高质量发展。数字经济具有技术水平较高、创新能力较强、渗透作用较大、辐射带动范围较广等特征，数字经济新模式、新业态的发展壮大，经济社会全面的数字化、网络化、智能化转型，对增强科技创新能力、构建现代化产业体系，推进经济高质量发展具有重要意义。我国数字经济占比和增速如图 14-2 所示。从占比来看，2023 年，数字经济在国民经济中的地位进一步提升，我国数字经济占 GDP 比重达到 42.8%，较上年提升 1.3 个百分点，数字经济是国民经济的关键支撑和重要动力。从增速来看，2023 年，数字经济持续支撑经济稳增长目标实现，我国数字经济同比名义增长 7.39%，高于同期 GDP 名义增速约 2.75 个百分点（2023 年，我国 GDP 名义增速为 4.64%），数字经济增长对 GDP 增长的贡献率为 66.45%，有效提升我国经济发展的韧性和活力。

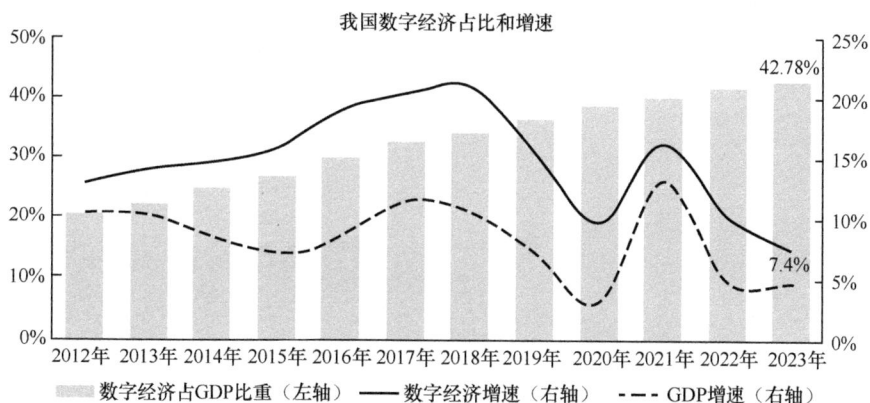

数据来源：中国信息通信研究院

图 14-2　我国数字经济占比和增速

提质方面，数字经济融合化趋势进一步加强。数字产业化高质量发展，产业数字化深入推进，是国内外数字经济发展的普遍规律。我国数字经济内部结构如图 14-3 所示。整体来看，我国数字经济发展质量进一步提升。在数字经济内部结构中，数字产业化与产业数字化的比重由 2012 年的约 3∶7 发展为 2023 年的约 1∶4，2023 年数字产业化、产业数字化占数字经济的比重分别为 18.7% 和 81.3%，数字经济的赋能作用、融合能力得到进一步发挥。具体来看，2023 年，我国数字产业化规模为 10.09 万亿元，同比名义增长 9.57%，高于同期数字经济名义增速，表明数字产业化为数字经济持续高质量发展积累强大的技术产业支撑能力。数字产业化规模占 GDP 比重达到 8.01%，数字产业化支撑数字经济核心产业增加值进一步接近"十四五"发展目标。2023 年，我国产业数字化规模为 43.84 万亿元，同比名义增长 6.90%，略低于同期数字经济名义增速，产业数字化规模占 GDP 比重超过三成，为 34.77%，表明产业数字化发展正步入高质量发展的攻坚期。

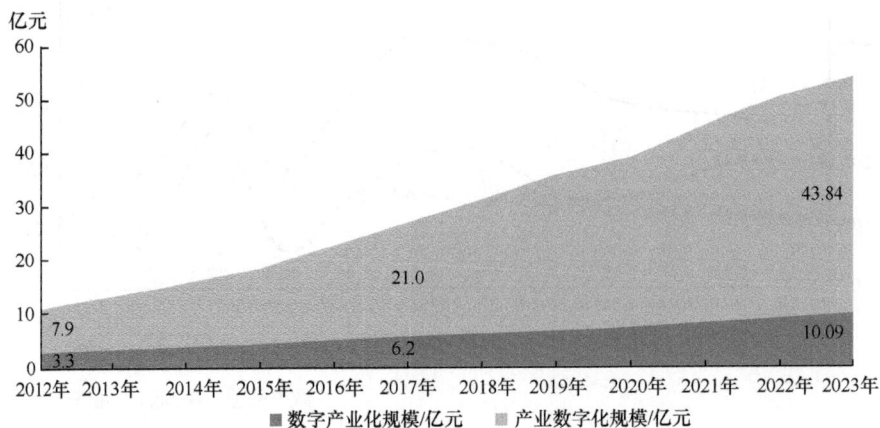

数据来源：中国信息通信研究院

图 14-3　我国数字经济内部结构

挖潜方面，数字经济和实体经济向深融合。数字技术的充分运用，推动实体经济全要素数字化转型，数字经济和实体经济深度融合实现量的合理增长和质的有效提升。党的十八大以来，我国数字经济和实体经济融合发展基础进一步夯实、融合程度持续深化。我国三次产业数字经济发展情况如图14-4所示。从绝对规模来看，2023年，我国第一产业、第二产业、第三产业数字经济占行业增加值比重（以下简称"数字经济渗透率"）分别为10.78%、25.03%和45.63%，数字经济和实体经济融合持续深入。从相对规模来看，2023年，我国第一产业、第二产业、第三产业数字经济渗透率同比分别提升0.32、1.03和0.91个百分点，第二产业数字经济渗透率增幅首次超过第三产业，第一产业稳步增长、第二产业加速渗透、第三产业纵深拓展成为2023年以来的主要趋势和特征。

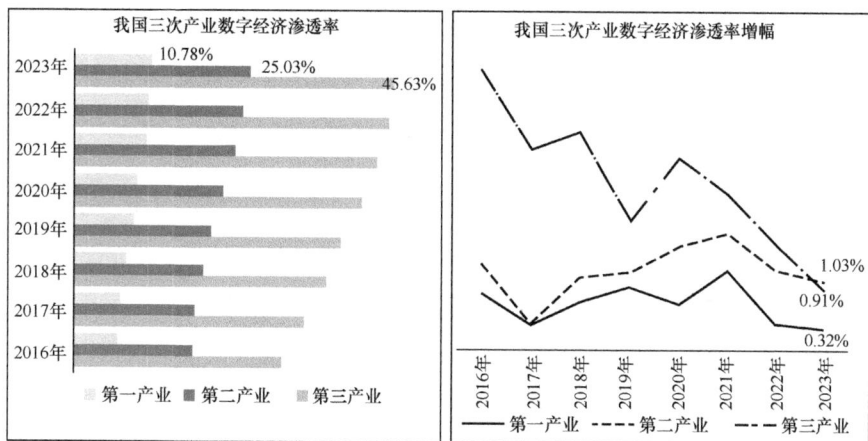

数据来源：中国信息通信研究院

图 14-4　我国三次产业数字经济发展情况

2. 区域看，综合实力较强的地方彰显发展活力

为贯彻落实党中央、国务院决策部署，抢抓发展机遇，各地立足地方特色，通过鼓励创新、产业扶持、引进人才、机构改革等举措，推动数字经济加快发展。例如，浙江立足民营经济第一省，以第三产业数字化平台牵引实体经济加快数字化转型；福建紧扣实体经济根基，以第二产业数字化战略为重点，建设数字福建；贵州紧抓先发优势和先天优势，

以数字产业化集聚发展带动当地数字经济快速发展。自 2023 年以来，各地数字经济发展呈现出一些新的特征，**经济基础较好、科技创新能力较强的地区，规模经济、范围经济效应充分释放，数字经济实现了更快、更好、更有韧性的发展。**从数字经济规模来看，2023 年，广东、江苏、山东、浙江、上海、福建、北京、湖北、四川、河南、河北、湖南、安徽、重庆、江西、辽宁、陕西、广西 18 个省区市数字经济规模超过 1 万亿元，数量较去年增加 1 个。从数字经济占 GDP 比重来看，2023 年，北京、上海、天津、福建、浙江、广东等省市数字经济占 GDP 比重已超过 50%，北京、上海数字经济发展接近美国、欧洲各国等发达国家水平。从数字经济增速来看，2023 年，浙江、上海、北京、山东、江苏、广东等经济基础较好、创新能力较强的地方数字经济增速均超过全国平均水平。

（三）数字经济推动经济发展的经济学逻辑分析

从经济学视角来看，数字经济推动经济发展遵循一定的经济规律。在供给端，数字经济推动经济发展"质"的提升；在市场端，数字经济推动经济发展活力的释放；在需求端，数字经济推动经济发展"量"的扩张。

1. 从供给端看，以"数字投入"推动经济内涵型增长

"数字投入"是指围绕数字技术与数据要素而进行的投资，内涵型增长则以效率提升为标志。在内生增长理论中，数字经济促进经济内涵型增长的传导机制在于供给端数字化投入对劳动生产率及资本回报率的提升具有显著促进作用，劳动生产率与资本回报率是经济增长的主要动力组成。

在劳动生产率提升方面，数字投入主要通过促进人力资本加速形成、

优化企业经营管理与加速创新能力培育提升劳动生产率。

第一，数字投入可以提升员工整体技能水平，促进人力资本结构升级，提升劳动生产率。一方面，数字投入对现有劳动力技能提出要求，激励员工提升自身技术水平以适应新数字化设备。另一方面，通过数字投入购入新设备或提升现有设备的数字化水平，创造创新技术岗位，激励企业雇佣更多高水平员工。现有员工知识技能水平的提升与企业劳动结构的知识性升级将高质量的知识和人力资本融入产品生产与企业经营过程，最终对劳动生产率的提升产生积极作用。

第二，数字投入将显著提升企业管理效率、企业管理流程可见性、信息对称性，进而提高劳动生产率。一方面，数字投入构建的网络基础设施，可以增加标准化信息供给，提高管理者和员工之间的沟通效率，降低沟通成本等信息传递成本，更加准确地掌握市场动态并进行决策，提升劳动生产率。另一方面，数字投入将提升企业内部管理流程的可见性，并拓宽企业外部利益相关者的监督渠道，降低因企业管理者机会主义与道德风险危害企业经营的可能性，及时使管理层作出战略调整，提升企业绩效，提高劳动生产率。

第三，数字投入将有效提高企业研发创新能力，并带来数字技术支持，促进劳动生产率加速提升。一方面，数字投入所构建的信息融合与创新基础设施，将有效促进企业内外信息融合，为企业内部提供知识和技术的创新基础条件。另一方面，在预算约束下，数字投入增加。例如，数字技术引入、数据要素采集应用，将加快原本知识与技术更新、研发迭代速率，从而提升技术创新速率，进而缩短技术进步对产出提升的作用时间，促进劳动生产率提高。

数字投入对劳动生产率提升的贡献明显大于传统投入对劳动生产率提升的贡献。

我国各类投入对劳动生产率提升的贡献如图 14-5 所示。

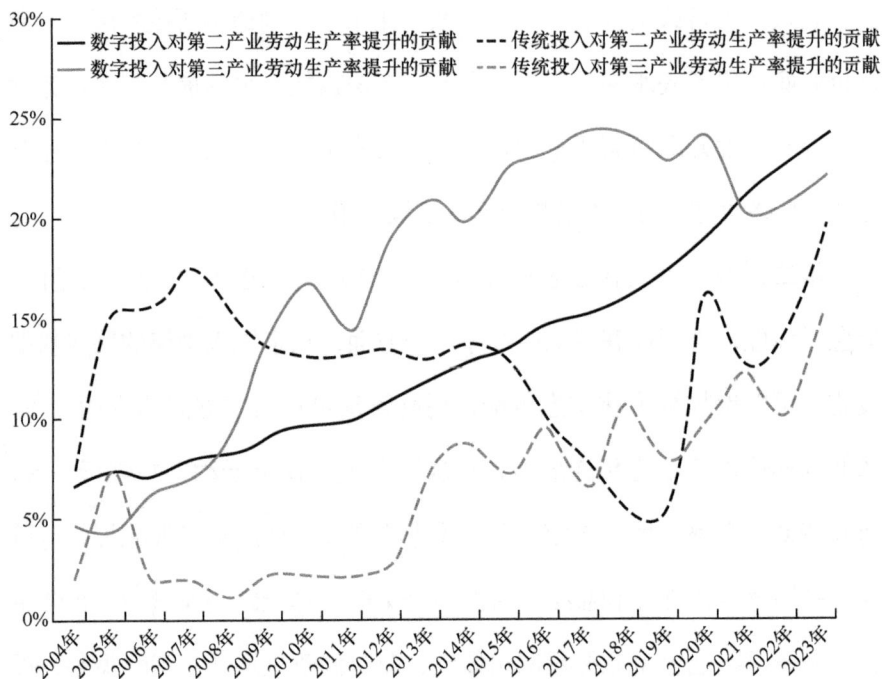

数据来源：中国信息通信研究院

图 14-5　我国各类投入对劳动生产率提升的贡献

从产业贡献来看，数字投入对第三产业劳动生产率提升整体贡献最大。近 10 年，数字投入对第三产业劳动生产率提升的平均贡献达 22.4%，但呈现"先升后降"态势。数字投入对第二产业劳动生产率提升的贡献则持续上升，自 2021 年起开始超过数字投入对第三产业劳动生产率提升的贡献，2021—2023 年平均高于数字投入对第三产业劳动生产率提升的贡献 1.7 个百分点。

从投入来源来看，数字投入相对于传统投入对劳动生产率提升的贡献更大。近 10 年，数字投入对第三产业劳动生产率的贡献平均高于传统投入对第三产业劳动生产率的贡献 12.6 个百分点，数字投入对第二产业劳动生产率的贡献平均高于传统投入对第二产业劳动生产率的贡献 5.9 个百分点。需要注意的是，2019 年后，伴随产业数字化的逐步推进，传统投入对劳动生产率提升的贡献开始稳步上升。

在资本回报率方面，数字投入主要通过降低企业融资者成本、保障投资机构回报与最优利率决定 3 个方面，整体降低资本错配可能性，促进资本回报率提升。

第一，对于企业融资者而言，数字投入将有效降低融资成本，提高资本回报率。一方面，数字投入促进数字技术普及，将有效缓解市场主体的投融资信息获取压力，提升投融资可获得性，降低资金获得过程中的交易成本。另一方面，数字技术的普及将更多闲置资金被使用于寻找投资机会，增加投资者数量，扩大融资者选择范围，促进融资市场发展，提升融资规模。

第二，对于投资机构而言，数字技术的应用将有效降低投资者的投资风险，提升资金发放效率。传统市场投资机构往往具有大企业偏好，大企业往往行事保守，缺乏创新，资本回报率较低，而以独角兽企业为代表的初创企业，往往投资回报率较高，但同时具有高风险性。以云计算、大数据为代表的数字技术的应用，将使投资机构提升风险掌控能力，可选择在回报与风险之间的最佳组合，有效降低资本错配可能性，更加稳健地提升资本回报率。

第三，对于金融政策制定者而言，数字投入将提高利率市场化水平，抑制投融资期限错配。投融资期限错配指企业大量依赖短期贷款支持其长期投资活动，从而使企业在偿债时陷入"拆东墙、补西墙"的资产负债表恶化困境。数字技术的使用，使金融政策制定者可以获得更多高频的资金供给与需求数据，使利率向最优利率靠拢，保证金融机构在获得适当利润的前提下，向借款人提供符合其需求的长期贷款，降低企业融资时间维度成本，提升资本长期回报率。

数字资本回报率持续上升，传统资本回报率持续下降成为趋势。

具体来看，我国数字资本回报率与传统资本回报率如图 14-6 所示，我国数字资本回报率在 2004 年和 2005 年较低，但经历 2006—2009 年、2012—2018 年两轮快速增长，并于 2015 年超过传统资本回报率。2015—2023 年，平均数字资本回报率达 14.6%，高于传统资本回报率 3.6 个百分点。

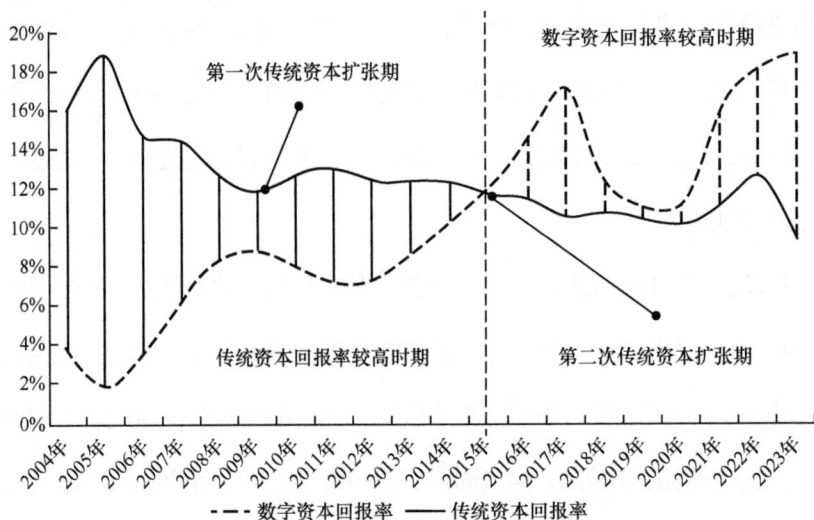

数据来源：中国信息通信研究院

图 14-6 我国数字资本回报率与传统资本回报率

2. 从市场端看，以"充分竞争"激发经济发展活力

市场集中度作为表征市场结构的重要指标，常用于衡量市场主体间的竞争和垄断程度。若市场集中度较高，即少数几家企业控制了市场的大部分份额，那么市场竞争程度相对较低，反之亦然。了解市场集中度可以帮助政府、企业评估市场竞争程度，从而采取相应的发展策略。

报告采用赫芬达尔－赫希曼指数（HHI，又称市场集中度指数）测算数字经济市场集中度，即使用一个行业中各市场竞争主体在行业总收入或总资产中份额的平方和来计量市场份额变化，即市场中厂商规模的离散度。其表达式为：

$$\mathrm{HHI} = \sum_{i=1}^{n} S_i^2 = \sum_{i=1}^{n} (\frac{X_i}{X})^2$$

其中，S_i 表示第 i 个企业的份额（市场占有率），X_i 表示第 i 个企业的规模，X 表示市场总规模，n 为该产业内的企业数。一般来说，通过利用 HHI 计算某一市场上每家企业所占市场份额的平方和，来反映市场内大企业所占的市场份额和大企业之外的市场结构，更准确地反映大企业对市场的影响程度。以 HHI 值为基准的市场结构分类如表 14-1 所示。通常，HHI 取值范围是 0 ～ 1，HHI 值越大表明市场集中度越高，HHI 值越小表明市场集中度越低。当 HHI=1 时，市场由一家企业独占；当 HHI=$1/n$ 时，所有企业规模相同。产业内企业的规模越接近，且企业越多，HHI 值越接近于 0。但在具体分析时，常将 HHI 值放大 10000 倍，故取值范围是 0 ～ 10000。

表 14-1　以 HHI 值为基准的市场结构分类 [1]

市场结构	寡占型				竞争型	
	高寡占I型	高寡占II型	低寡占I型	低寡占II型	竞争I型	竞争II型
HHI 值	HHI≥3000	3000>HHI≥1800	1800>HHI≥1400	1400>HHI≥1000	1000>HHI≥500	500>HHI
市场特点	市场极度集中，市场基本由一两家企业主导，接近垄断	市场高度集中，少数几家企业控制市场大部分份额，形成极明显寡占市场结构	市场集中度进一步提升，少数几家大型企业占据市场大部分份额，寡占特征更为明显	市场集中度有所提高，少数几家企业开始主导市场，开始出现寡占特征	市场竞争较为充分，但市场集中度略有提升，部分企业在市场中占据一定份额	市场分散，市场集中度极低
市场竞争状态	市场基本由少数或单一企业主导，这些企业对市场价格、供应和服务质量有极大控制力；市场竞争几乎不存在，新进入者几乎无法进入市场	几家企业控制市场大部分份额，并且可能存在一定的价格协调或默契，市场竞争被抑制；新进入者难以撼动现有企业市场地位，消费者选择有限	少数几家大型企业主导市场，对市场价格和供应具有较大的影响力；市场进入壁垒较高，新进入者和小型企业生存空间受到挤压	少数几家企业在市场中占据较大份额，能通过产品价格竞争、产品差异化等方式对市场产生一定影响，但仍然有较多中小企业参与竞争	市场整体仍然保持较强的竞争性，市场可能出现少数企业的市场影响力逐步增加的情况，企业之间的竞争压力较大	企业间竞争激烈，单一企业不能显著影响市场价格或整体市场状况，市场效率较高，市场价格和服务质量由供求关系决定

数据来源：中国信息通信研究院整理

　　可以认定，当 HHI 值 < 1000 时，市场竞争非常激烈，即市场具有高度竞争性，属于有效市场竞争。当 1000 ≤ HHI 值 < 1800 时，市场竞争度适中，存在一定的市场集中度，但整体市场中仍有较多竞争对手，仍可以认为是有效市场竞争。当 HHI 值 ≥ 1800 时，市场集中度较高，可

1　根据美国经济学家贝恩的划分标准绘制。

能存在垄断或寡头垄断情况，市场竞争性较弱，不属于有效市场竞争。

根据数字经济内涵框架、企业国民经济行业分类等，我国设置了包含数字产业化企业和产业数字化企业的数字经济企业分类。我国数字经济市场结构如表14-2所示，我国分领域数字经济市场结构如图14-7所示。其中，数字产业化企业包含国民经济行业分类中属于电子信息制造业、软件和信息技术服务业、互联网及相关服务业、电信业4个行业的企业。产业数字化企业通过计算企业数字投入，划分出数字投入占比在全国平均水平以上的传统企业，并按企业所属产业大类划分为第一产业、第二产业、第三产业数字经济企业。通过企业划分，从近2万家国内外上市企业和独角兽企业中，剥离出9490家数字经济相关企业。企业覆盖国有企业、民营企业、外资企业等企业类型，包含18个国民经济行业门类、78个国民经济行业大类。综上所述，数字产业化企业共2060家，涵盖了电信业企业、电子信息制造业企业、互联网及相关服务业企业、软件和信息技术服务业企业等各类数字产业化企业。产业数字化企业共7430家，包含第一产业、第二产业、第三产业中的各类开展数字化转型的传统企业。

表 14-2　我国数字经济市场结构

数字经济及细分行业市场集中度及所属市场结构			
		HHI值	所属市场结构
数字经济整体		77.6	竞争Ⅱ型
数字产业化	数字产业化整体	239.7	竞争Ⅱ型
	电子信息制造业	336.3	竞争Ⅱ型
	互联网及相关服务业	1000.1	低寡占Ⅱ型
	软件和信息技术服务业	1021.9	低寡占Ⅱ型
	电信业	2923.1	高寡占Ⅱ型

续表

数字经济及细分行业市场集中度及所属市场结构			
产业数字化	产业数字化整体	100.7	竞争Ⅱ型
	第一产业数字化	578.5	竞争Ⅰ型
	第二产业数字化	193.9	竞争Ⅱ型
	第三产业数字化	105.8	竞争Ⅱ型

数据来源：中国信息通信研究院

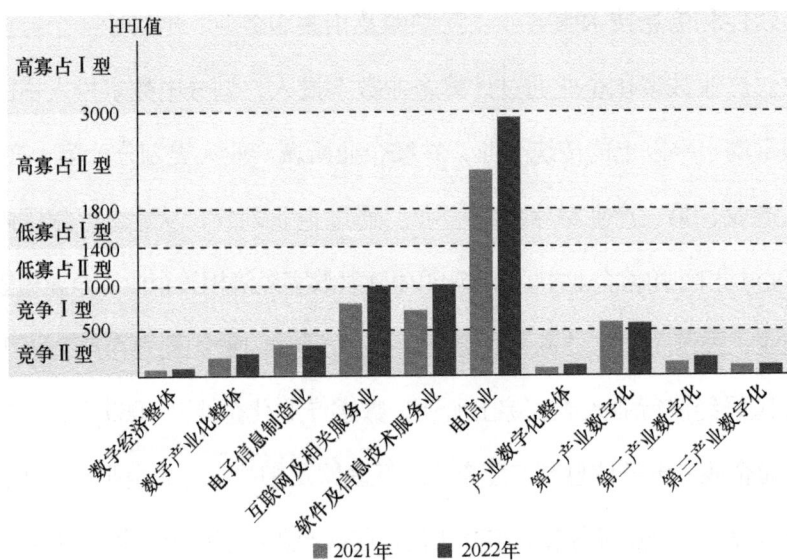

数据来源：中国信息通信研究院

图 14-7　我国分领域数字经济市场结构

　　我国数字经济整体存在极端分散的竞争市场。通过分析 HHI 值可以看出，从宏观角度看，我国数字经济市场、数字产业化市场、产业数字化市场从整体上看都属于竞争型市场（竞争Ⅱ型）。即，在当前的数字经济市场结构下，市场竞争非常分散，有大量的竞争者参与市场竞争，没有明显的垄断或寡头垄断情况，市场集中度极低，产品差异化明显，市场竞争相对充分。在这种类型的市场中，竞争颇为激烈，下一步企业需要综合考虑多方面因素，通过清晰的市场定位及战略策略来推动企业发展。例如，企业进行技术创新以颠覆性产品切入市场，或者研发新材料获取成本优势，又或选择专注服务于某类细分市场等。**整体的数字经济市场集中度有所提升，市场发展正进入成熟期**。市场集中度提升是数字经济发展的结果。从产业生命周期理论看，在初创期，产业市场容量非常小，消费者还处于被教育阶段，对产品缺乏认知，单个企业的产品销量很少，产品和技术发展方向不明晰，市场进入壁垒较低，便于资本和企业进入市场。到了成熟期，产业开始淘汰一些中小规模的厂商，产业内相互兼并重组，市场集中度逐渐走高，市场进入壁垒变高。当前我国数字经济正处于由初创期步入成熟期的阶段，从 HHI 值来看，与 2023 年相比，我国数字经济、数字产业化与产业数字化的市场集中度均有少量上升（HHI 值分别由 61.1 提升至 77.6、由 199.9 提升至 239.7、由 79.5 提升至 100.7），数字经济将进一步做强做优做大，各类企业有望通过创新发展、提质增效提高自身竞争力。

从数字产业化企业内部结构看，细分行业市场结构呈现分化趋势。**电子信息制造业市场属于竞争型市场（竞争Ⅱ型），市场集中度较低**。我国大力推动电子信息制造业行业高端化、高质量发展，通过优化集成电路、新型显示等产业布局，完善产业生态体系，优化产业政策环境，引导社会资本加大对电子信息制造业投入等举措，我国电子信息制造业产业链条逐渐完善，各类企业持续发力，电子信息制造业的 HHI 值从 344.9 下降至 336.3，市场参与者数量有所提升、市场均衡发展成效显著。**互联网及相关服务业市场由竞争型市场（竞争Ⅰ型）向寡占型市场转变（低寡**

占Ⅱ型）。我国互联网及相关服务业头部企业效应明显，HHI值从810.3提高到超过1000（1000.1），HHI值变化较大，头部企业的市场垄断程度有所提升。**一是**头部企业通过市场整合、并购、投资等手段，逐步提升在互联网生态系统中的地位，市场集中度不断提升。**二是**头部企业在技术领域积累了丰富的资源和经验，具备强大技术优势，在不断创新、推出新产品和服务的过程中，吸引大量用户和客户，逐步形成一定程度的垄断竞争地位。**三是**数据优势与用户黏性提高进一步促进市场集中度提升，头部企业在数据收集、数据分析和数据利用方面拥有巨大优势，通过数据驱动的个性化服务吸引用户并提高用户黏性，进一步巩固市场地位。**软件和信息技术服务业市场由竞争型市场（竞争Ⅰ型）向低度寡占型市场转变（低寡占Ⅱ型）。从市场竞争的角度来看，**软件和信息技术服务业竞争格局正在发生变化。随着行业规模的扩大和技术水平的提升，部分大型企业脱颖而出，占据了较大的市场份额。与此同时，中小型企业也在细分行业市场和专业化服务上寻找自己的定位，形成了多样化的产品和服务体系，这种变化使得软件和信息技术服务业逐渐呈现出寡占型市场的结构特征。**从行业内部来看，**软件和信息技术服务业的专业化水平不断提高。由于该行业属于知识密集型，对专业技术人才的需求很大，因此企业在技术研发和服务质量上的投入不断增加，以期在激烈的市场竞争中保持领先地位。这种对专业技能的重视，促进了行业内产品和服务质量的普遍提升，进一步增强了市场的垄断竞争特性。**电信业市场当前属于极高程度寡占型市场，HHI值为2923.1。**电信业与其他行业相比具备自然垄断特质，行业发展涉及大量如基站建设、光纤铺设等固定资产投资，这些都需要巨额的前期投入，一旦网络建成，边际成本相对较低，因而存在显著的沉没成本效应和规模经济效应，这使得已经占据市场主导地位的企业能够凭借现有的网络优势，进一步巩固其市场地位，形成自然垄断。此外，电信服务的提供依赖于庞大的网络系统，用户的增加会提高网络的价值。这意味着，拥有更大用户基础的电信运营商能提供更优质的服务，吸引更多新用户，从而形成正向反馈循环。这种网络外部性加强了市场领先者的竞争优势，使得市场趋向于垄断。

从产业数字化企业内部结构看，细分行业市场结构呈现分化趋势。第一产业数字化市场属于竞争型市场（竞争Ⅰ型），HHI值为578.5，即，市场竞争度较高，没有单一企业或少数企业占据市场主导地位。近年来，我国政府高度重视第一产业数字化，出台系列政策引导和扶持农业数字化的发展，激发了市场的竞争力和活力。与此同时，随着大数据、云计算、物联网等数字技术的快速发展，第一产业数字化成为可能并得到广泛推广，数字化转型门槛不断降低，更多的企业和农户能够轻松参与到数字化进程中来。此外，随着人们生活水平的提高，对农产品的需求也日益多样化，这种市场需求的变化有助于维持农业市场的竞争活力，惠及广大农民和消费者。与2023年数据相比，我国第一产业数字化市场集中度有所下降，说明有更多厂商加入第一产业数字化发展队列，未来市场发展活力有望进一步释放。**第二产业数字化市场属于竞争型市场（竞争Ⅱ型），HHI值从142.7提升到193.9，市场集中度有所提升。**当前，我国工业数字化转型正迈入"规模提升"的新阶段，变革的应用模式已较为成熟，也拥有一批功能和性能都经过实践验证的成熟技术产品。数字化转型进入规模化推广时期，部分数字化转型较早、成效显著的工业企业利用数字技术提升生产效率、优化产品质量、开发新商业模式，迅速适应和采用新技术以获取更大市场份额。此外，为了应对全球经济形势的变化和满足国内经济发展的需求，我国在推动工业数字化转型方面采取了供给侧结构性改革、创新驱动发展战略等多项措施，制定了包括税收优惠、资金扶持、产业规划等一系列政策，鼓励企业进行技术创新、产业升级和结构调整，促进行业资源优化配置和优质资源向头部企业集中，从而使市场集中度得到提升。**第三产业数字化市场竞争活跃，属于竞争型市场（竞争Ⅱ型），HHI 值从 101.3 提升到 105.8，市场集中度有所提升。**我国自"十三五"时期起，服务业数字化进程逐步加快，尤其在新冠疫情后，数字经济展现了其在稳定供应链、助力经济复苏等方面的巨大潜力。我国政府相继出台了一系列政策文件，如《"十四五"数字经济发展规划》等，旨在推动服务业数字化转型，这为市场集中度的上升创造了良好的政策环境。其次，我国服务业涵盖了广泛的领域和多样化的业态、模式和产品，导致服务业内部各细分市场的规模、特点和需求差异较大，难以形成相对集中的市场。近年来，随着互联网、大数据、云计算等数字技术的快速发展，传统服务业加速数字化转型升级，通过使用数字工具更有效地提升运营效率、优化客户体验、满足个性化需求，在市场中获得竞争优势，增加市场份额，推动市场集中度的提升。

3. 从需求端看，以"数字弹性"牵引经济外延式复苏

"数字弹性"是指需求端的数字投资利率弹性与数字消费收入弹性，经济外延式复苏是指单纯通过规模扩大和数量增加实现的经济增长。投

资利率弹性是指投资的变动对利率变动的敏感度或反应程度，即利率的上升或下降引起投资变动的程度。消费收入弹性是指在价格和其他因素不变的情况下，消费者的收入变化所引起的消费数量发生变化的程度。

（1）投资利率弹性

从投资利率弹性看，数字投资利率弹性相对于传统投资利率弹性更强、更稳定。我国数字投资与传统投资利率如图 14-8 所示，在不同经济时期，数字投资往往具有"降温作用""稳增长作用""跨周期调节作用"三重作用。

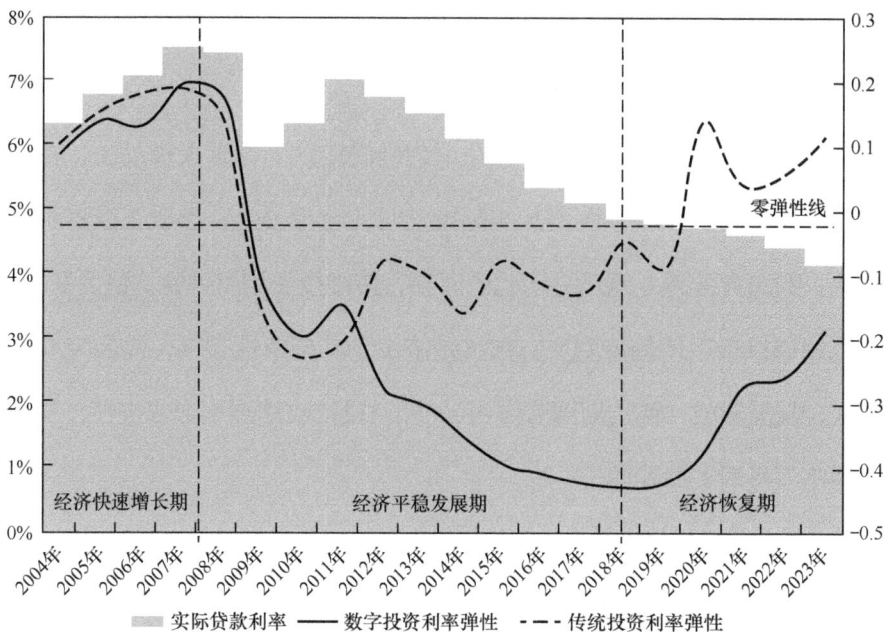

数据来源：中国信息通信研究院

图 14-8　我国数字投资与传统投资利率弹性

在经济快速增长期，实际贷款利率往往会上升，政策目标往往聚焦于抑制投资或优化投资。我国 2007 年前处于这一时期，2004—2007 年，我国数字投资利率弹性平均低于传统投资利率弹性 2.1 个百分点，数字经济由于可以有效降低信息不对称性和投资盲目性，在经济过热时期往往具有对宏观经济的"降温作用"。

在经济平稳发展期，货币政策往往较为稳健，同时为进一步降低企业融资门槛，会逐步适当降低实际贷款利率。2008—2019 年，我国经济处于这一时期，数字经济由于具有较高的资本收益，在"低成本""高收益"的双重激励下，我国数字投资利率弹性绝对值高于传统投资利率弹性，即在实际贷款利率持续下行背景下，数字经济加速虹吸社会融资规模，形成较强的"稳增长作用"。这一时期，数字投资利率弹性绝对均值高于传统投资利率弹性 17.2 个百分点。

在经济恢复期，传统资本往往因为经济疲软而缺乏投资动力，在政策降低实际贷款利率意图增加实际投资时使政策失效，形成正投资利率弹性。2020 年至今，我国处于这一时期，传统投资利率弹性均值为 0.09，传统领域投资下行趋势明显。数字经济由于其创新性要求，需要持续性投入，从而形成"跨周期调节作用"，即对投资收缩周期形成抗性，从而在经济下行期支撑其增长。

（2）消费收入弹性

在居民收入增长时期，数字消费对经济增长的促进作用更加灵敏。以全国网上零售额与人均可支配收入计算消费收入弹性。我国网上零售额收入弹性与线下零售额收入弹性如图 14-9 所示，2014 年至 2023 年数字消费平均收入弹性为 2.9，远高于线下零售额收入弹性的 0.4。这说明，一方面，数字消费相对于传统消费对收入变化更加敏感，在收入递增时期对经济的消费乘数效应更大。另一方面，虽然数字消费收入弹性仍大于1，但与2004—2014年的12.6相比，数字消费逐渐向"正常品"靠拢，深度融入居民日常消费，促进居民消费结构升级。

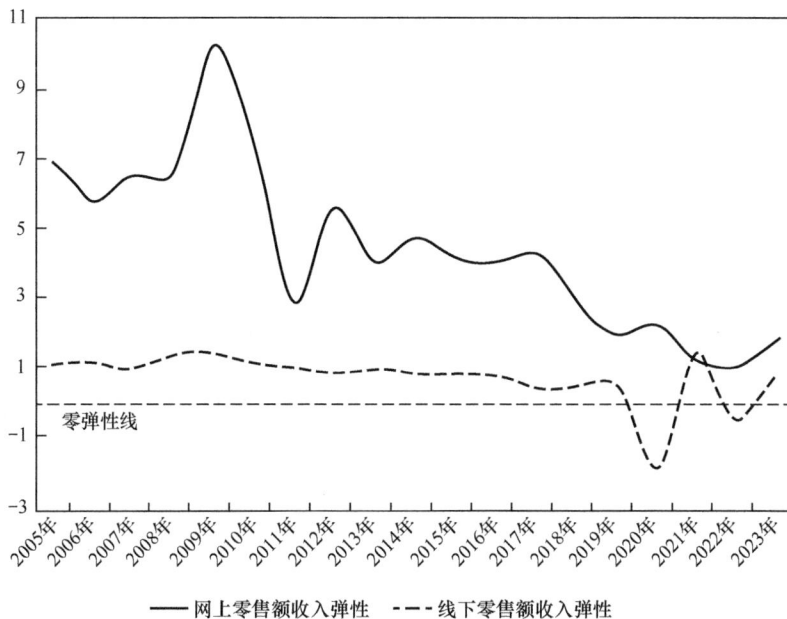

数据来源：中国信息通信研究院

图14-9　我国网上零售额收入弹性与线下零售额收入弹性

（四）数字经济驱动全要素生产率显著提升

1. 新时代数字经济驱动全要素生产率提升的有效路径

（1）基本路径

技术水平的提升、技术效率的提升、规模经济与资源配置效率的提升是提升全要素生产率的4条有效路径。**首先，数字技术水平的不断提升对全要素生产率提升起到基础性作用。**例如，ICT的不断演进使信息

223

传递速度倍增，企业可以利用互联网和移动通信技术进行远程办公、虚拟团队协作等，突破时间和地域限制，提升决策效率。人工智能、大数据分析和物联网，帮助企业在生产过程中实现精准控制和实时调整，提高生产线的柔性和智能化水平，降低生产成本，提高产品质量和创新能力，推动核心竞争力的提升。区块链技术通过提高交易的透明度和可追溯性，提高了信息的可信度和数据的安全性，进一步标准化业务流程，提升整体生产效率。**其次，技术效率的提升是数字经济驱动全要素生产率提升最为直接的路径。**企业通过数字技术进行大规模数据采集和分析，能够更精准地洞察市场趋势和消费者需求，从而进行有针对性的产品开发和市场营销。这一过程大幅缩短了产品研发周期，减少了无效投入。此外，企业可以通过数字孪生技术进行产品和生产过程的虚拟仿真和测试，在投入实际产品生产之前发现和解决潜在问题，减少试错成本。通过平台化的技术协同，企业间可以共享技术和研发成果，减少重复开发，提高技术应用的广泛性与深度。技术效率的提升不单是企业内部的优化，还包含了整个产业链的协同创新和联动发展，从而全面推动全要素生产率的提升。**再次，规模经济是数字经济驱动全要素生产率提升最为有效的路径。**数字平台通过网络效应和用户群体的扩展，实现了市场和需求的大规模聚集。例如，电商平台通过连接众多卖家和买家，大幅降低了交易成本，提升了市场效率。对于数字内容和软件产品，边际成本几乎为零，规模效应更加明显，生产一旦达到一定规模，生产力和经济效益随之大幅提升。此外，数字技术推动了产品和服务的模块化和标准化，使得大规模生产变得更加可行和高效，通过批量生产和自动化技术，企业可以降低单位生产成本，提升总体业务效率和市场竞争力，进一步推动全要素生产率的增长。**最后，资源配置效率的提升是数字经济驱动全要素生产率提升的帕累托改进**。数字技术极大地提升了资源配置效率，大幅提高了全要素生产率。数字平台和大数据技术使得资源供需信息更加透明和提供更加及时，市场参与者可以迅速找到与自己最匹配的资源和需求，在既有生产状况下改善生产经营。例如，电商平台和云计算平台通过灵活提供多样化的资源和服务配置，帮助企业最优化地分配和使用资源，减少资源冗余和浪费，实现产销双方共赢。智能供应链管理系统通过实时监控和数据分析，优化物流路径和库存管理体系，减少供应链环节中的资源浪费。金融科技应用使得资本能够被更加高效地分配到生产力最强的企业和项目上，促进了创新和创业，增强了经济活力。公共服务的数字化也提升了资源使用效率，数字政府和智慧城市项目通过优化公共资源的管理和服务，提高了全社会的资源配置效率，实现了生产力的全面提升。各方经济主体效益改善是资源配置效率提升的直接后果。

（2）现实抓手

首先，新型举国体制有效促进我国数字技术创新发展。新型举国体制以国家发展和国家安全为根本目标，通过科学统筹、集中力量、优化机制、协同攻关，在国家重大科技项目组织实施过程中集中协调配置资源、有效发挥资源效益。新型举国体制的一个重要特征是国家在数字技术创新发展中的战略引导和顶层设计。《"十四五"数字经济发展规划》为数字经济发展确立统一目标，各地后续纷纷跟进数字经济发展规划，落地产业数字化推进方案等，有效避免资源分散和重复投入，提高创新效率。新型举国体制能够集中全国范围内的资源，形成合力推动数字技术创新发展。例如，国家可以通过政策支持、高校和科研机构之间的协同合作，设立一系列新型科研机构培养和聚集高端科技人才。

其次，数字化转型提升产业链供应链效能的主要着力点。产业链供应链数字化是技术效率提升的直接手段。2024 年 4 月，财政部办公厅、工业和信息化部办公厅发布关于做好 2024 年中小企业数字化转型城市试点工作的通知。通知强调要推动"链式"转型，促进产业链供应链优化升级。聚焦数字化转型需求迫切、转型效益明显的重点产业链，推动链主企业加强转型能力输出与业务协同，引领带动链上中小企业转型升级，加快"卡位入链"，提升强链补链能力。发展数字化供应链，推动大企业通过订单牵引、技术扩散、资源共享等方式，赋能供应链上下游中小企业数字化转型。充分发挥高新技术产业开发区、中小企业特色产业集群等载体的作用，推进产业集群数字化转型，助力完善现代化产业体系。

再次，大规模设备更新及数智化升级是做实经济新增量的具体措施。大规模设备更新将发挥数字经济规模效益。2024 年 3 月，在国务院印发的《推动大规模设备更新和消费品以旧换新行动方案》中明确指出，重点行业设备更新后，到 2027 年，规模以上工业企业数字化研发设计工具普及率、关键工序数控化率应分别超过 90%、75%；重点行业数字化转型是更新行动重点；且把数字化智能化改造纳入优惠范围。一系列政策引导将促进大规模设备更新与数字经济规模效益之间形成良性循环。例如，通过行业内设备的统一标准和数据共享，企业之间能够实现更紧密的合作与协同，提高行业整体生产效率。这样的协同效应，有助于推动新商业模式的形成，形成规模效益，进一步促进数字经济的发展。设备升级在生产成本下降与知识共享流通更加便利这两个核心机制方面的积极作用，将为规模经济的升级奠定更加坚实的基础。

最后，共享经济、平台经济发展是促进资源优化配置的有效手段。 2021 年 12 月，国家发展和改革委员会等部门发布了《关于推动平台经济规范健康持续发展的若干意见》。平台经济与共享经济使得资源配置更为高效、透明和灵活，对社会经济发展具有显著的优化作用。在降低交易成本方面，有效减少信息不对称，减少中间环节的成本和时间，使得资源能够更有效地流动，迅速满足供需双方的需求。在提高市场透明度方面，平台会提供详细的产品或服务信息、用户评价等，提高了市场透明度，有助于消费者和生产者进行更理性的决策，从而优化资源配置。在促进创新和竞争方面，平台使得更多的小微企业和个人可以参与市场竞争。这不仅激发了创新创造活力，还形成了更为公平和多样化的市场环境。在灵活匹配供需方面，平台可以通过实时数据分析，动态调整供需关系。例如，共享经济中的交通平台可以根据实际需求，调配车辆资源，从而有效地减少空驶和资源浪费，提升资源利用效率。在资源共享方面，平台经济通过共享模式提高了资源利用率。例如，共享单车、共享办公室等，都使得闲置资源能被更多的人利用，达到节约资源的目的。

2. 新时代我国数字经济全要素生产率持续提升

2012 年至 2022 年，我国数字经济生产效率持续提升，成为整体经济效率改善的重要支撑。 2000—2023 年三次产业数字经济全要素生产率变化如图 14-10 所示。从总体上看，我国数字经济全要素生产率从 2012

年的 1.66 上升至 2023 年的 1.79，远高于同期国民经济全要素生产率的
1.29（2012 年）与 1.37（2023 年）。分三次产业看，第一产业数字经济
平稳发展，第一产业数字经济全要素生产率从 1.03 上升至 1.04。第二产
业数字经济全要素生产率受疫情影响较大，10 年间整体呈现先升后降态
势，从 2012 年的 1.65 上升至 2018 年的 1.69，随后持续下降至 2023 年的
1.56。第三产业数字经济全要素生产率快速提升，从 2012 年的 1.70 上升
至 2023 年的 1.92。

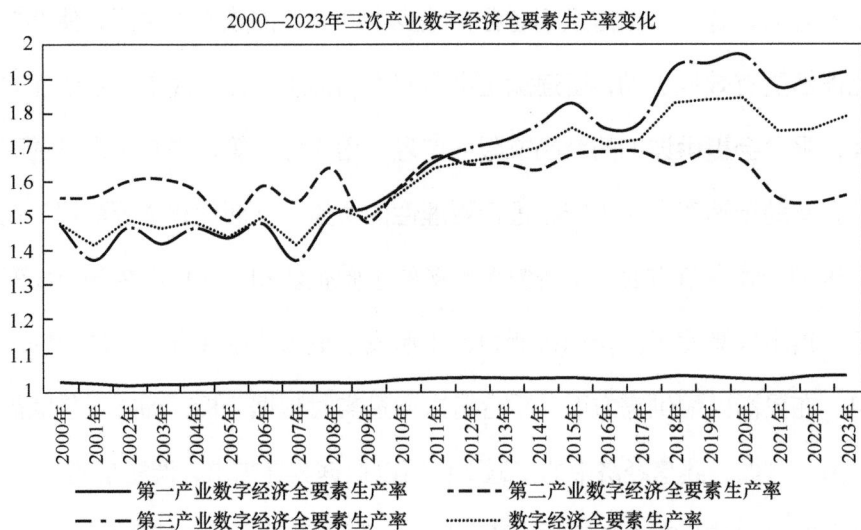

来源：国家统计局，中国信息通信研究院

图 14-10　2000—2023 年三次产业数字经济全要素生产率变化

　　2023 年三次产业及第二产业细分行业数字经济全要素生产率横向对
比如图 14-11 所示。从第二产业细分行业看，2023 年电子信息制造业数
字经济全要素生产率最高，达 1.64。装备工业数字经济全要素生产率次
之，达 1.46。消费品工业数字经济全要素生产率排名第 3，为 1.45。原材

料工业数字经济全要素生产率排名第 4，为 1.26。

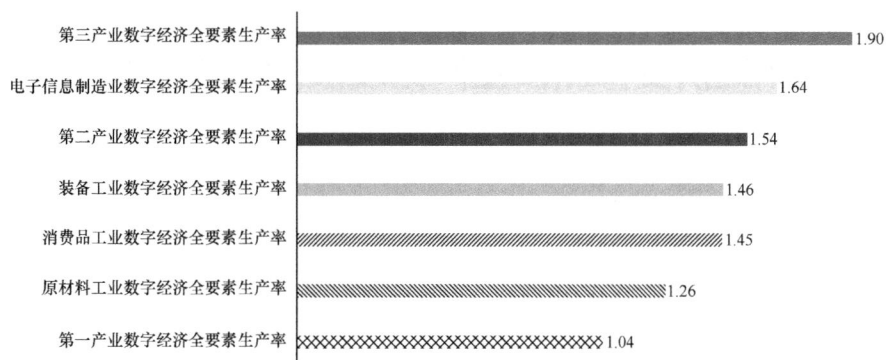

来源：国家统计局，中国信息通信研究院

图 14-11　2023 年三次产业及第二产业细分行业数字经济全要素生产率横向对比

▷第十五章
数字经济支撑新质生产力发展的地方模式

我国各区域、各城市精准研判自身资源禀赋，充分发挥本地创新、产业、区位、资源、政策等优势，与周边区域的数字经济协同发展、互联互通，形成各具特色的数字经济发展模式，为全国数字经济发展树立标杆、打造典范。

（一）梯度发展模式

各地经济基础、产业结构存在差异决定了各地数字经济发展所处的阶段与各地数字经济与实体经济融合程度不同。根据各地数字经济发展程度存在差异，国内数字经济整体呈现高中低梯度分布的发展特征。

数字经济高梯度地区凭借较强的科技创新能力、产业结构高度化、基础经济实力、资源配置能力等，集中区域资源，全面布局数字经济发展，数字经济处于领先地位。如**北京市**以创新资源激发数字经济活力，引领前沿方案先行先试。北京依托政策优势、技术优势、区位优势、人才优势等，着力打造数字经济创新生态。北京市数字经济研发投入位列全国第一，投入远高于其他地区，通过政策引导、资金支持、优化服务、营造生态等手段，北京成为数字经济创新资源聚集地、全国数字产业化的制高地和产业数字化方案输出地。**广东省**以数字经济产业集群为依托打造科创中心,数字技术创新动能强劲。广东紧盯技术前沿,实施数字经济领域关键核心技术攻关行动,重点发展集成电路、新型显示、4K 电视、区块链等新一代信息技术产业,全面实施人才支持计划,引进数字经济高层次紧缺人才,推进粤港澳大湾区国际科技创新中心建设。

数字经济中梯度地区具备一定的技术力量和较好的经济产业基础,通过引进和承接数字经济高梯度地区数字技术、数字人才等,大力发展数字经济产业,推动传统产业数字化转型。例如,**重庆市**依托汽车产业优势,积极引进数字经济高梯度地区在人工智能、大数据等方面的先进技术及产品,推动车联网产业发展,未来重庆两江新区将实现智慧道路全域覆盖,成为车联网的先导区。**辽宁省**朝阳市创建承接京津冀产业转移示范区,按照构建"一区引领、两市协同、多平台联动"的产业承接布局要求,加强制度设计和政策引导,重点承接新型电子元器件、人工智能、数字金融等产业,建设与京津协同共享的远程办公软件、研发社区网络,实现大数据与农业、工业、服务业融合发展。

数字经济低梯度地区创新资源存量相对匮乏,产业结构及技术缺乏创新活力,可依托自身区位特色及自然资源禀赋,融入数字经济中高梯度地区产业链,发展劳动密集型产业和资源密集型产业,实现渐进式发展。例如,**甘肃省**充分发挥本地能源和算力资源优势,面向东部省份数字经济产业发展需求,以"结对子"方式联合推进国家"东数西算"工程区域试点,共同发起"东数西算"产业联盟,建设人工智能"东数西算"产业基地,承接东部地区大数据、人工智能、区块链等企业低延时超算业务需求。

（二）区域极核模式

区域极核模式是将某一中心城市作为数字经济"增长极"，通过支配效应、乘数效应、极化与扩散效应对区域数字经济活动产生辐射带动作用，区域极核模式示意图如图 15-1 所示。综上所述，数字经济区域极核模式以数字经济发达城市为中心向周边地区推开。在数字经济发展初期，"增长极"产生虹吸效应，吸纳周边地区的资本、人才、技术等生产要素，削弱周边地区的数字经济发展能力，出现区域极化现象。随着时间推移，"增长极"会带动周边地区的就业机会增加、技术水平提升，以及管理方式、思想观念、价值观念等发生改变。当数字经济"增长极"的极化效应达到一定程度、"增长极"发展足够强大时，会对周边地区产生辐射和扩散效应，推动要素向周边地区扩散，刺激周边地区数字经济增长，带动经济整体发展。当前，我国已经出现数字经济、数字产业化、产业数字化、数字化治理等多个领域的"增长极"。

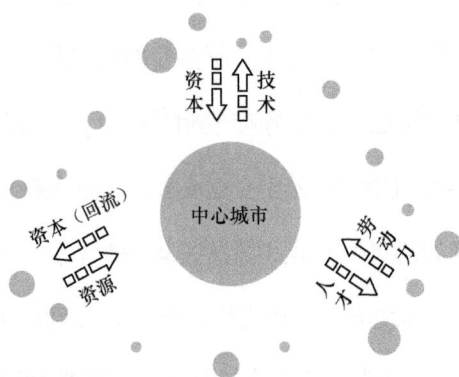

资料来源：中国信息通信研究院

图 15-1　区域极核模式示意图

在**数字经济整体发展方面**，如前文所述，北京数字经济发展全国领先，占 GDP 比重位列全国第一，成为全国数字经济的"增长极"之一。**一是北京数字技术创新成果全国领先**。北京科研产出连续 3 年全球第一，涌现出马约拉纳任意子、新型基因编辑技术、天机芯、量子直接通信样机等世界级重大原创成果，为打造全球科技创新中心奠定坚实基础。北京自由贸易试验区科技创新片区打造数字经济试验区、全球创业投资中心、科技体制改革先行示范区，目前已聚集科技创新企业 20000 余家。**二是北京数字产业高端发展引领全国**。北京互联网产业蓬勃发展，电子信息制造业、软件和信息技术服务业领先全国。同时，北京推动国家工业互联网大数据中心、国家网络安全产业园区、国家北斗创新应用综合示范区等园区建设和运营，加速高新技术产业发展、集聚，推动北京数字产业向高端跃升。**三是北京产业数字化带动全国产业升级。在制造领域中**，北京积极持续推进工业互联网创新发展，以"赋能全国数字化转型"为目标，围绕完善发展环境、夯实基础设施、打造赋能体系、深化行业应用 4 个方向推进，形成"4+N"产业集群发展布局。**在服务领域中**，北京打造国家级金融科技示范区，数字贸易试验区建设按下快捷键，对远程教育、在线医疗、数字商务等新业态的探索引领全国。**在农业领域中**，北京拥有多个农业数字化研究机构，农业科技供给能力较强。

在**数字产业化方面**，广州、深圳数字技术创新动能强劲，数字产业集群优势突出，"双城"联动形成技术创新和产业发展的合力，成为全国数字产业的"增长极"。**一方面**，数字产业是广州、深圳经济增长最活跃的因素。2024 年上半年，广州电子及通信设备制造业增加值增长 8.1%，已经形成集聚效应的超高清视频及新型显示产业增加值增长 15.0%，重点培育的半导体分立器件和集成电路制造业加快成长，增加值分别增长 1.7 倍和 34.4%。2024 年上半年，深圳战略性新兴产业增加值达到 7602.50 亿元，同比增长 11.7%，占 GDP 比重 43.9%。其中，软件与信息服务、智能终端、网络与通信、超高清视频显示增加值分别增长 12.6%、16.6%、10.3% 和 20.0%。**另一方面，**广州、深圳借助创新资源丰富、产学研机制完善优势，共同推进数字产业创新链条延伸拓展，携手抢占数字产业发展新高地。广州支持以深圳为主阵地建设综合性国家科学中心，深圳积极推动两地重大创新载体合作发展，中新广州知识城、广州科学城、南沙科学城、琶洲人工智能与数字经济试验区（含广州大学城）"一区三城"与深圳光明科学城、河套深港科技创新合作区深圳园区等广深港澳科技创新走廊重要节点间建立对接联络机制，推动广深联动发展进入新阶段。

　　在产业数字化方面，杭州在电商、互联网金融、共享经济等领域不断涌现出新业态、新模式，引领带动全国数字经济发展，成为全国服务业数字化的"增长极"。**一方面，杭州正持续做强电商等优势产业。**例如，随着全国首个跨境电商综合试验区的建设发展，杭州加快构建"天、铁、海、陆"一体智能物流体系，加速 eWTP 示范区等新电商重点项目建设，不断优化电商发展环境。**另一方面，杭州新模式、新业态探索引领全国。**杭州是全国第一个实现无纸币的城市，杭州的移动支付在普及率、覆盖广度、服务深度等方面，均位居全国第一。新冠疫情期间，首创于杭州的"健康码"在疫情防控中发挥了巨大作用，杭州"健康码"上线十余天就被全国 200 多个城市借鉴，杭州"健康码"在助力复工复产方面发挥了积极作用，杭州"健康码"是杭州数字赋能社会治理的一项重要创新实践。

在数字化治理方面，上海作为全球数字化治理的"增长极"，上海"一网通办"、城市运行"一网统管"的两网建设有力提升城市治理现代化水平。**"一网通办"政务服务助力上海政务信息化发展**。上海的"一网通办"经验作为经典案例被写入联合国发布的《2020 联合国电子政务调查报告》。截至 2024 年 10 月，上海"一网通办"已上线水电气网联合报装"一次办"等 46 个"一件事"，日均办件约 42 万件，累计办件量超2221 万件。**"一网统管"加速城市运行系统互联互通**。"一网统管"囊括城市运行管理、事件响应、平安城市、生态环境等诸多领域。上海市依托电子政务云，加强各类城市运行系统的互联互通，全网统一管理模式、数据格式、系统标准，形成统一的城市运行视图，推动硬件设施共建共用，加快形成跨部门、跨层级、跨区域的协同城市运行体系。

（三）点轴发展模式

随着数字经济发展中心城市逐渐增加，点与点之间由于生产要素交换需要相互连接起来成为"轴"线。具体来说，"增长极"在发展过程中从周边获得数字经济发展所需的资源、要素，同时也为周边输送数字技术、数字产品、数字服务，刺激沿线地区的数字经济发展。

数字经济时代，区域的点轴式空间结构表现出两种模式。**第一种是地理空间连接式**，即因地理位置相关性而联结，如长江上中下游经济带依托自身产业特色，加快优势互补、完善数字经济产业链条，形成点轴发展模式，共同打造优势产业集群。**长江上游**以成渝为核心，依托自身传统重工业基础，推动产业数字化转型。成渝推动数字经济与实体经济融合，建设国家人工智能创新发展试验区、区块链国家产业创新中心、国家级"5G+"产业融合创新中心，形成完整集成电路产业链及手机产业基地、车联网产业示范基地、电商和电子产品集散基地、软件和信息技术服务产业基地、生产性服务业基地、西部生态智能家居产业园六大产业基地。**长江中游**以武汉为核心，发挥武汉电子信息产业优势，带动中游城市群摆脱"孤岛"局面。武汉数字产业优势明显，"武汉数谷""武汉光谷"等享誉中外，具有自主知识产权的国产存储芯片、光芯片、红外传感芯片、操作系统、数据库、三维设计软件等都诞生于武汉，武汉中心城区已经实现5G高质量连续覆盖，超算武汉中心及面向政务、工业等领域的数据中心和人工智能算力中心集群正在加紧建设。**长江下游**数字产业基础好，具备人才优势，整体经济发展水平高，以上海、杭州为核心，全面推动数字经济发展。上海作为长三角龙头城市，坚持整体性转变、全方位赋能、革命性重塑，推动经济数字化形成新供给、推动生活数字化满足新需求、治理数字化优化新环境，构筑数据新要素体系、新数字技术体系和城市数字新底座，形成数字城市基本框架，引导全社会共建共治共享数字城市。杭州围绕打造"全国数字经济第一城"，聚焦核心产业，打造国际级软件名城，加快数字技术与传统产业的融合应用，打造高质量转型发展标杆城市。

第二种是虚拟空间连接式，即从空间来看是跳跃的，但因产业关联而形成扩散带动效应，如通过数据的开发利用牵引资本、人才、技术、知识等要素的配置，形成数据采集、数据标注、数据清洗、数据存储、数据传输、数据应用等产业链，建立跨越地理空间的协作网络。**数据加工处理产业**通过加工工具，实现数据标注、数据清洗、数据脱敏脱密、数据融合、数据封装等的生态化、协作化发展，通过整合存储已有数据资源，形成数据传输汇集和共享机制。数据分析产业通过运用数据挖掘技术，从大型数据集中发现、识别知识，从而帮助企业进行问题诊断和业务经营决策。数据应用产业根据数据分析和加工的结果，推动制造业、农业、服务业等领域的数字化发展。在数据加工处理产业中，以数据标注为例，人工智能产业的快速发展催生巨大的数据标注服务需求，新疆维吾尔自治区和田地区皮山县依托当地人力资源状况，重点打造以图形、图文标注为主的数据标注产业。同时，和田地委专题推进数字经济产业发展工作，印发《和田地区数字经济产业发展实施方案》，计划利用 5 年时间，分阶段、分步骤、分区域，打造 10 万人就业的人工智能数据标注产业基地。**在数据分析产业**中，银行、保险、电信、电商等领域最为活跃。例如，中国人民银行广州分行积极推进智能日志大数据分析平台应用实践。广州分行借助大数据分析技术和机器学习算法，依托智能日志大数据分析平台，收集系统、存储、网络等方面的日志和运行数据，实现海量异构日志的统一存储管理和深度分析利用。目前中国人民银行广州分行已采集了门户网站、自动化办公系统、事务处理系统等应用系统及部分网络设备的日志，通过构建通用可扩展的大数据分析处理平台，支撑省级数据中心巡检监控、事件分析、风险隐患预警等多个应用场景，为解决海量日志管理利用难、日志综合排查分析低效、监测方式被动等问题提供了有力支持。**在数据应用产业**中，如贵州省建设贵州农产品大数据平台，集基地动态、扶贫专区、供应大厅、采购大厅、冷链配送、校农对接、农业服务、价格行情八大模块于一体。平台通过多种方式采集贵州基地种植信息、冷库信息、冷链物流信息、省内外农产品交易信息、全国农产品价格信息等，多维度构建贵州农产品基地信息网、冷链物流网、农产品交易网。平台汇集市场数据、天气数据、全国农产品产区数据等，对可能滞销的单品发出预警，并根据全国价格行情数据，指导经营企业拓展价格高、利润空间大的主销区市场，引导贵州现代农业发展。

（四）多极网络模式

数字经济的多极网络模式是以"增长极"为基础的网络状结构，其形成基础为区域内具备多个"增长极"、"增长极"间存在空间或产业关联，即多极支撑、轴带衔接、网络关联。多极网络模式可形成具有不同层次、功能各异、分工合作的区域经济系统。目前，我国已有多个主要城市群形成数字经济的多极网络模式，同时也有部分城市群在探索多极网络模式。

长三角区域形成"一超多强"的数字经济总体格局。长三角地区产业基础好且产业层次特点鲜明、优势互补，不断带动周边发展。**在数字产业化方面**，杭州、苏州、南京加快布局，杭州推进布局合理、绿色集约的数据中心基础设施建设，苏州积极打造全国领先的大数据、智能驾驶等数字经济相关产业，南京积极发展软件业相关产业。**在产业数字化方面**，苏州、上海、宁波积极打造工业互联网"新高地"。例如，苏州以两化深度融合为主轴、发展工业互联网为重点，深入推进制造业"智改数转网联"。截至 2023 年底，苏州拥有工业互联网平台企业近 200 家，连接设备超 100 万台，培育亨通数科国家级工业互联网双跨平台、20 个国家级特色专业型平台、44 个省级重点平台，并吸引 15 个国家级双跨平台落户苏州。**在数字化治理方面**，长三角地区在全国率先推进政务服务一体化，治理水平不断提升，形成商业和产业协同一体化、居民公共服务一体化、生态环境治理一体化发展格局。近年来，上海、江苏、浙江、安徽以国家政务服务平台为依托，不断深入完善标准体系对接，共同推动《"一网通办"法人库数据共享技术指南》等 5 项长三角地区地方标准编制，助力长三角地区高频电子证照跨区域互认，线上实现跨区域服务"一地认证、全网通办"，线下实现"收受分离、异地可办"。

专栏4　长三角地区的数字经济政策领先制定者——浙江

近年来，浙江非常重视数字经济发展，从顶层设计到企业培育都走在全国数字经济发展前列。2023 年，浙江数字经济核心产业制造业增加值增长 8.3%、高新技术产业增加值增长 7%、战略性新兴产业增加值增长 6.3%。

浙江以《浙江省数字化改革总体方案》（下称《方案》）为指引，以数字化改革撬动各领域各方面改革，运用数字技术、数字化思维、数字化认知对省域治理的体制机制、组织架构、方式流程、手段工具进行全方位系统性重塑，推动各地各部门流程再造、数字赋能、高效协同、整体智治，推动质量变革、效率变革、动力变革，高水平推进省域治理体系和治理能力现代化，争创社会主义现代化先行省。《方案》提出，按照系统分析 V 字模型持续迭代，将采用"业务协同模型和数据共享模型"的方法贯穿数字化改革的各领域、各方面、全过程。《方案》构建"1+5+2"工作体系，搭建好数字化改革的"四梁八柱"。"1+5+2"工作体系即一体化智能化公共数据平台，五大系统建设（党政机关整体智治系统，数字政府系统，数字经济系统，数字社会系统，数字法治系统），数字化改革理论与制度规范两大体系建设。

粤港澳大湾区形成"广州—深圳—香港—澳门"联动发展模式。一方面，技术和产业基础雄厚。 粤港澳大湾区拥有丰富的人工智能、云计算、大数据、集成电路、新型显示、4K 电视、区块链等技术和产业，数字技术、数字设备制造基础扎实，深圳、东莞、惠州、佛山、珠海拥有良好的数字经济产业基础，"深莞惠"经济圈作为全国高端新型电子产业的龙头，也是全球重要的智能设备终端生产基地，具有有效支撑产业发展的能力。以华为、腾讯、平安科技、中兴等企业及以华南理工大学、中山大学等为代表的高校是区域内数字经济发展的创新主体和中坚力量。**另一方面，数字化转型市场广阔。** 区域内制造业和服务业发达，并已实现在工业、快消品、教育、旅游等领域中的数字化融合应用。2018 年，广东就在全国率先出台《广东省深化"互联网 + 先进制造业"发展工业互联网实施方案及配套政策措施》，又于 2021 年印发《广东省制造业数字化转型实施方案（2021—2025 年）》《广东省制造业数字化转型若干政策措施》，明确龙头企业、中小企业、产业园区、产业链供应链共 4 类转型路径。2022 年，广东创新性开展产业集群数字化转型工程，建设以"工业互联网园区 + 行业平台 + 专精特新企业群 + 产业数字金融"为核心架构的新型制造生态系统。针对重点行业骨干企业，广东围绕电子信息、先进装备、食品医药、轻工材料等典型场景，开展数字化集成应用创新，集中力量培育数字化转型标杆示范，为行业企业提供可供借鉴的经验，累计培育 300 多个"灯塔式"标杆项目，其中 100 多个项目入选国家级试点示范。与此同时，随着全国各地加快推动中小企业数字化转型，广东在全国率先启动广州、珠海、汕头、佛山、韶关、梅州、惠州、东莞、中山、江门、湛江、茂名、肇庆、揭阳 14 个省级试点城市建设。

专栏5　毗邻粤港澳大湾区多极网络的另一区域"增长极"——福建

从地理位置看，福建毗邻粤港澳大湾区，与粤港澳大湾区共同组成多极网络。

20 余年来，福建不断推广"数字福建"建设经验，深化政务数据与社会数据融合应用，围绕"数字丝路"、智慧海洋、卫星应用等开展区域特色试验，较坚实的经济发展基础和良好的政策环境为进一步推进福建数字经济发展提供强大助力。

建设"数字丝路"信息枢纽。围绕与共建"一带一路"国家和地区在信息化领域的交流合作，福建从强化信息互联互通枢纽功能、建设国际经贸合作信息化平台、建设人文交流信息化纽带3个方面发力，升级完善网络基础设施、建设国家离岸数据中心（平潭）、建设"海丝"空间信息港、建立丝路网络安全协作机制、促进"丝路电商"合作、建设"丝路智慧口岸"、建设"数字丝路"经济合作试验区、建设华侨华人数字化公共服务平台等。

打造智慧海洋全业务交互平台。福建移动依托高品质网络平台和业界领先的智能中台体系，积极探索5G、大数据、人工智能等新技术与海洋场景的结合点，打造智慧海洋全业务交互平台，积极聚合生态，进一步为数字福建的建设和智慧海洋发展贡献力量。自2019年3月以来，福建移动在惠安海域部署了泉州首批覆盖海面的5G基站，开始了以智慧信息化手段服务海洋管理、环境监测等工作的探索。2019年4月，5G无人监测船完成首航，实时将船只巡航视频、监测图像、检测数据回传，改变了传统的人工巡航和环境监测模式，极大降低了水质监测成本，缩短采样时间和降低操作难度，同时提升安全性。近年来，5G智慧港口较传统码头整体作业效率提升20%，人工成本下降70%，能耗成本减少25%，碳排放减少16%。2024年3月，全国首批"丝路海运"智能集装箱在厦门港正式上线启用。运输途中，货主和物流服务企业可通过"丝路海运"国际航运综合服务平台实时了解集装箱"到了哪里"。依托全球智慧物联、云网融合优势，配备移动通信及高清北斗、GPS双通道卫星定位，通过集装箱定位追踪器及国际物联网卡，将集装箱位置、轨迹数据实时回传至监控管理平台，实现集装箱物流的全程可视化，安全性和效率进一步提高。

打造"海丝"卫星互联互通枢纽。福建主要从数字政务、乡村振兴、智慧城市、闽台融合和海天丝路5个方面实施"卫星＋"示范应用工程。目前，福建卫星应用产业发展态势较好，初步建立了以企业为主体、以行业应用为导向、以公共平台为支撑、以产业延续为承载的功能格局。统计数据显示，福建直接从事卫星应用的企业有100多家，涵盖从芯片设计、移动电话、车船载导航设备到地理信息应用测绘等产业链各个环节。

（五）典型区域模式

浙江立足民营经济第一省，通过三产数字化实现平台牵引，支撑数字经济创新发展。浙江深入实施3个"一号工程"，建设数字经济高质量发展强省。早在2003年，习近平总书记在浙江工作期间，便高瞻远瞩地作出了建设"数字浙江"的战略部署，到2023年提出实施数字经济创新提质的"一号发展工程"，20年来，浙江的数字经济蓬勃发展，数字经济规模位居全国前列。2023年，浙江数字经济增加值达4.33万亿元，占GDP比重达52.5%。浙江是我国乃至全球电商发展的一片热土，其特有的产业、政策和文化要素，孵化培育出阿里巴巴等超级电商平台，形成了以电商驱动的第三产业为基础产业与主导产业的发展模式，并再进一步辐射带动其他产业加快数字化转型。当前，浙江立足建设全国产业数字化转型示范区，首创"产业大脑 + 未来工厂"的融合发展新范式，激活第二产业尤其是制造业的数字化发展潜力。"浙江模式"的实现需要具备三大条件：**一是活跃的民营经济**。据统计，浙江入选中国民营企业 500 强的企业数量已经连续 26 年全国排名第一。浙江民营企业的活力释放，成为数字经济发展的关键因素。**二是扎实的三产基础**。浙江的小商品市场发达，服务业发展领先。第三产业的强大基础为消费领域数字化转型创造了基础条件。**三是"一号工程"的持续引领**。自 2017 年提出数字经济"一号工程"以来，浙江始终坚持"全省一盘棋"，全面推动数字经济快速发展。

福建紧扣实体经济根基，以连续战略助推第二产业数字化，牵引全省数字经济做大做强。福建全方位提升数字经济发展质效。2000 年，习近平总书记在福建工作时，极具前瞻性地提出建设"数字福建"的战略部署，此后福建多年赓续奋斗，推动数字经济发展突破。2023 年，福建数字经济增加值突破 2.9 万亿元，对 GDP 贡献超 53%。基于第二产业的雄厚基础，福建推动数字经济与实体经济深度融合，围绕纺织、鞋服、机械装备等九大重点制造行业开展数字化转型实践，初步取得发展成效。当前，福建持续巩固工业数字化转型成效，加大全省工业数字化转型政策支持力度，同时，发掘农业数字化转型潜力，实施"农业云 131"信息工程，率先启动省级现代农业智慧园建设。通过第二产业和第一产业协同发力，为推动福建数字经济迈上新台阶贡献力量。"福建模式"实现有两大必要条件：**一是深厚的数字化思想文化基础。**"数字福建"思想和实践起步早，已经深度融入福建的政策文化基因，成为福建数字经济发展的关键因素。**二是扎实的第二产业基础。**2023年，福建的工业增加值占地区生产总值比重高达44.1%，强大的工业基础为数字化应用提供了丰富场景。

贵州紧抓"两个先"，通过数字产业化集聚发展，加快推动数字经济发展。贵州准确把握历史机遇，以大数据应用为产业发展的战略引领，从2013年的萌芽状态，一跃发展成为具备大数据领跑优势地区。作为地处西部的欠发达省份，数字经济为贵州融入新发展格局提供了新机遇。贵州的自然条件特别适合建设数据中心。数据显示，贵州数据中心的能源利用效率指标平均比其他地区低0.1～0.4。依托自然资源禀赋优势，贵州加快打造数据中心集群，推动数据集聚优势转化成产业优势，重构传统产业结构。"十三五"以来，三大运营商数据中心和一大批国家级数据中心齐聚贵州，推动贵州成为全球集聚超大型数据中心最多的地区之一。依托大数据先行优势，贵州深入实施"百企引领"专项行动，加快打造数据中心、智能终端、数据应用三个千亿元级主导产业集群。同时，积极抢抓产业数字化新机，实施"千企改造""万企融合"大行动，推进企业"上云用数赋智"。经过多年努力，贵州数字经济发展成效显著。**从数字经济总量看**，贵州呈现"贵阳、遵义双核引领、其他市州竞相发力"的发展格局。**从数字产业化看**，贵阳一地数字产业化规模过百亿元领跑全省，其他市州因地制宜特色化发展。"贵州模式"实现有两大必要条件：**一是抓好"先天"自然资源禀赋**，基于资源优势和区位优势，顺势而为，发展大数据产业抢占先机。**二是抓好"先发"优势**，以产业集群为载体，争取国家政策倾斜。继 2015 年获批首个国家级大数据综合试验区后，新国发 2 号文件又赋予贵州"数字经济发展创新区"战略定位，进一步巩固数字经济先发优势。

建议篇

6

▷ 第十六章
对策和建议

从数字经济驱动新质生产力发展的理论维度看，数字经济的发展优化了生产函数的形态、提高了资源配置的效率、改善了创新驱动模式、促进了全球价值链重构，同时改变了劳动生产率提升模式与服务性消费的增长模式。这些变化不仅仅是量的积累，更是质的飞跃，为新质生产力的发展奠定了坚实基础。但从现实维度看，以数字经济驱动新质生产力发展，需从以下 5 个方面出发，切实推动新质生产力加快形成。

（一）健全促进实体经济和数字经济深度融合制度

"实体经济和数字经济深度融合制度"应是一套系统性融合制度，需从持续完善顶层设计、健全法律制度、建立技术标准、强化基础设施建设和人才培养与教育制度建设、促进产学研合作等多方面立体推进。

在持续完善顶层设计方面，应充分考虑制度的长期性与系统性。有针对性地出台推动数字经济与数据要素发展的顶层设计方案，做好"十五五"数字经济发展规划预研与布局，推动数据要素基础制度完善落地。推进数字经济区域协调发展，以数字经济产业链条为牵引，推动区域间产业互补、技术协作、人员互动。加快制定制造业数字化转型行动方案，完善推动中小企业数字化转型的工作机制。强化信息通信业中长期发展顶层设计，进一步巩固提升竞争优势和领先地位。

在健全法律法规方面，首先，应制定和完善数字治理相关法律，增强企业和消费者对数字经济的信任，保护数据产权，为数字经济和实体经济融合创造安全的环境。其次，应强化知识产权保护，特别是数字技术和创新成果的产权保护，确保企业在数字化转型中的创新收益。

在建立技术标准方面，首先，应推动技术标准进一步统一，推动物联网、云计算、大数据、人工智能框架等领域的行业技术互认，促进数据互通和系统兼容，减少不同平台和系统之间的障碍，提升协作效率。其次，应制定和推广行业规范，通过标准化数字技术在实体经济中的应用方法，指导企业按照规范开展数字化转型，完善如产业大模型等技术应用落地规范。

在强化基础设施建设方面，首先，应持续推动信息基础设施迭代发展，如，适度超前研究部署 6G 网络、下一代信息通信基础设施，激活数字技术支撑实体经济的能力。其次，优化应用基础设施运营，如推动工业互联网平台产业应用，促进产业互联网、人工智能等技术的深度融合，实现智能制造、智慧生产，推动智能工厂建设。

在人才培养与教育制度建设方面，首先，应注重数字素养培育，大力推进企业员工和管理层的数字技能培训，提升其数字素养和实际操作能力，增强企业在数字经济中的竞争力。其次，要注重数字包容发展，改革教育体系，强化不同层次劳动力与数字经济相关的学科和课程的结合，培养更多适应数字经济发展的专业人才，如具备代码能力的一线工人、数据分析师、人工智能工程师等。最后，做好人才引进工作，充分探索"数字游民"签证等跨国人才吸引措施，针对我国产业链薄弱环节，加大对国际科研合作支持力度，促进高层次人才职称和资历国内外互认，探索高端人才个人所得税减免办法，完善海外人才薪酬奖励制度。

在促进产学研合作方面，首先，应加强高校、科研机构与企业之间的合作，共同开展数字技术研究和应用，促进科研成果向实体经济的转化。其次，政府应设立专项基金，支持各类创新合作项目和实验室建设，引导社会资本投资数字经济领域，支持实体经济数字化项目。再次，应发展科技金融，推动互联网金融深度服务产业发展，帮助中小企业获得资金支持，加快其数字化转型步伐。

通过上述多方面措施，中国可以逐步健全实体经济和数字经济深度融合制度，全面提升国家的综合经济实力和国际竞争力。

（二）制度化促进数字技术发展实现颠覆性创新

制度化促进数字技术发展，关键在于形成持续的创新生态系统，以推动经济社会的高质量发展。

一是明确核心数字技术研发重点与方向。加大集成电路、新型显示、关键软件、人工智能、大数据、云计算等重点产业核心技术创新力度，着力提升基础软硬件、核心电子元器件、关键基础材料和智能制造装备的供给水平，加快锻造新板、拉长长板、补齐短板。同时，应加大对数字技术基础理论研究的投入，推动形成完整的数字技术理论体系框架，为技术创新提供坚实的理论基础。

二是加大研发投入与优化资源配置。设立核心数字技术研发专项基金，支持创新主体开展关键技术研发和创新项目，鼓励社会资本参与，形成多元化投入机制。合理配置研发资源，确保满足重点研发项目的资金需求。

三是强化数字技术企业创新主体地位。推进产学研用深度融合。鼓励企业增加研发投入，建立内部研发机构，吸引和培养高端人才，提升企业自主创新能力。对在核心技术研发方面取得显著成果的创新型企业给予税收减免、融资支持等优惠政策，降低企业创新成本。鼓励高校、科研机构与企业建立紧密的合作关系，共同开展核心技术研发和应用示范项目，促进科技成果快速转化。

四是完善数字经济评测与标准体系建设。鼓励第三方非营利机构探索多行业多维度的产业数字化基础模型评测方法，开发高效、公平的智能化评测工具集，为数字技术的研发和应用提供科学评估依据。支持国内企业、高校和科研机构主导或参与国际数字技术相关标准的制定工作，提升我国在全球数字技术领域的话语权。

（三）激发数据要素动能，推动新质生产力发展

要建立相关制度推动数据要素赋能新质生产力发展，需从数据采集与管理、数据开放与共享、数据隐私与安全保护、数据技术创新、数据人才和政策法规制定等多方面进行系统性布局。

一是完善数据采集与管理制度。在统一数据标准方面，制定和推广统一的数据采集、存储和管理标准，确保不同数据源之间的兼容性和互

操作性，提高数据采集的效率和质量。在厘清数据治理架构方面，建立完善的数据治理架构，明确数据的归属、使用权限和流通机制，确保数据在各个环节中的规范化管理和高效利用。

二是推动数据开放与共享。在促进公共数据开放方面，鼓励政府数据的开放和共享，制定开放数据的标准和规范，建立统一的数据开放平台，促进公共数据资源的广泛应用和再利用。在推动行业数据共享方面，鼓励各行业建立数据共享机制，特别是在交通、医疗、金融等数据密集型领域中，促进跨行业、跨部门的数据流通，提高数据利用效率。

三是加强数据隐私与安全保护。首先，应制定和完善数据隐私和安全保护法规，明确数据采集、存储、使用和共享的法律边界，强化对个人隐私和企业商业秘密的保护。其次，鼓励安全技术应用，推广和应用数据加密、区块链、差分隐私等先进技术，提升数据传输和存储的安全性，防范数据泄漏和滥用。

四是专项培育数据人才。首先，应完善数据科学教育体系，在高校和职业教育中增加数据科学、数据分析、人工智能等专业课程，培养具备数据思维、技术能力与产业知识的交叉复合人才。其次，开展职业培训，为在职在产人员提供持续的数据技能培训，提升其数据使用和分析能力，确保各行业能够适应数据驱动的生产力发展需求。

五是推进数据治理政策。首先，应制定数据激励政策，出台税收优惠、财政补贴等政策，激励企业在数据采集、管理和应用方面的投资和创新。其次，推动数据标准化建设，国家层面推进数据标准化工作，制定数据技术、数据交易、数据应用的标准和规范，确保数据要素在各个环节中的透明、公正和高效利用。

（四）推动产业融合，激活新质生产力发展场景

产业融合孕育新质生产力发展的具体应用场景。为新质生产力的发展构建丰富多样的应用场景，这将有助于整体经济的创新能力和竞争力提升，有效激活新质生产力。

一是因地制宜聚焦支柱产业，制定特色产业融合发展路线。鼓励地方政府强化产业融合发展顶层设计，围绕当地的支柱产业进行统筹规划，将融合性产业与支柱产业的发展紧密结合，避免"产业融合"成为空中楼阁。

二是实施延链补链强链工程，提升融合产业链长度。支持本地龙头企业，进一步强化本地优势产业上下游配套协作，打造具有地方特色的世界级产业集群，打破第一产业、第二产业、第三产业之间的产业壁垒。围绕支柱产业进行全产业链招商，构建区域联动招商机制，打通产业链的断点与堵点，强化地区产业链完备性。

三是加强产业融合要素保障，营造良好政策环境。强化复合型、应用型人才培养，对跨产业跨领域人才培养进行补贴，并降低相关行业高端人才的个人所得税。鼓励金融机构推出服务于相关制造业企业发展的金融产品与服务，支持知识产权等无形资产抵押贷款业务发展。推出优势融合性产业在用能、税收等方面的优惠政策。

四是加强示范推广，增强企业数字化转型能力与意识。开展产业融合示范遴选活动，培育一批具有代表性的示范企业，形成可复制可推广

的典型发展模式与经验。通过开展现场推介会、编写典型案例等方式，提升企业对产业融合的认识。鼓励成立产业联盟、行业协会等，搭建共性技术平台，解决产业融合发展可能遇到的共同问题。

（五）以国际数字治理合作推动我国新质生产力发展

国际数字治理合作为推动我国新质生产力发展构建外部循环空间。随着全球数字经济的蓬勃发展，各国间的数字化合作与竞争日益加剧。在此背景下，"以竞促合""美美与共"成为我国新质生产力发展需要考虑的国际行为准则。

一是需推动数字经济治理南北合作。首先，应建立多边对话机制，推动建立国际数字经济南北对话机制，牵头建立专门的国际平台与合作论坛，定期召开对话会议，推动南北政策协同。其次，推动南北合作协议签署，特别是在数字技术合作、数据流通、数字贸易、网络安全等方面达成共识，形成共同遵循的规则和标准。最后，推动数字经济在国际范围内的包容性发展，提供跨国数字教育和培训机会，牵头建立国际数字人才平台。

二是构建"一带一路"数字经济朋友圈。首先，应强化政策协同，签署数字经济合作协议，建立政策沟通机制，确保在数据交换、电商、网络安全等方面达成共识。其次，设立联合工作组，特别是政府间联合工作组，定期讨论和解决数字经济合作中的具体问题，推动政策的实施和改进。再次，以基础设施建设与技术合作巩固数字经济朋友圈。在基础设施方面，推动共建"一带一路"国家的 5G 网络、光纤网络、数据中心等数字基础设施建设，提升区域内的数字互联互通水平。提供共用的云计算平台和服务，支持中小企业和初创公司利用数字技术进行跨境业务扩展和协作。在数字技术合作方面，组织开展定期的技术交流活动和研讨会，促进共建"一带一路"国家在人工智能、大数据、物联网等前沿技术领域中的合作；鼓励中国企业与共建"一带一路"国家的科研机构和企业联合研发，推动技术创新和成果转化。最后，应探索建立"一带一路"数字经济专项基金，为基础设施建设、技术研发、企业合作等项目提供资金支持。

三是推动我国数字经济企业出海。首先，应积极支持打造具有国际竞争力的数字经济企业。打造全球产品创新中心、技术服务中心和先进制造管理中心，提升企业全球资源整合能力。精心培育数字经济标杆企业，发挥国内外金融资本作用，聚焦核心科技和创新链短板，引进国际高端人才，加快发展进程。鼓励民营企业走出去，培养一批小而美的数字经济企业，开展当地本土化经营。其次，应强化合规与风险预警机制。在合规方面，敦促相关企业了解和遵守当地数字治理法规，帮助其了解当地数据隐私、知识产权保护和网络安全等领域的规则，避免合规风险。在风险预警机制方面，应敦促其建立和完善风险预警和管理机制，识别和防范政治、经济、法律等方面的风险，确保企业海外业务的稳健发展。